EL MERCADO SON PERSONAS

Serie McGraw-Hill de Management

EL MERCADO SON PERSONAS

Josep Chias

Presidente de Marketing Systems
y Profesor de Marketing de ESADE
Barcelona

McGraw-Hill

MADRID • BOGOTA • BUENOS AIRES • CARACAS • GUATEMALA • LISBOA • MEXICO
NUEVA YORK • PANAMA • SAN JUAN • SANTIAGO • SAO PAULO
AUCKLAND • HAMBURGO • LONDRES • MILAN • MONTREAL • NUEVA DELHI • PARIS
SAN FRANCISCO • SINGAPUR • ST. LOUIS • SIDNEY • TOKIO • TORONTO

EL MERCADO SON PERSONAS

Edificio Oasis-A 1.ª planta
Basauri, s/n.
28023 ARAVACA (Madrid)

ISBN: 84-7615-601-4
Depósito legal: M. 15-1991

Dibujos: © Josep Chias
Diseño de símbolos: Carlos Rolando, 1990

Cubierta: Juan García y Carlos Rolando
Compuesto en Fernández Ciudad, S. L.
Impreso en EDIGRAFOS, S. A. Edison, B-22. Polígono Industrial San Marcos

De esta edición se han impreso 7.000 ejemplares en enero de 1991

PRINTED IN SPAIN - IMPRESO EN ESPAÑA

Mi experiencia docente y empresarial de los últimos diez años en Marketing de servicios

Josep Chias

CONTENIDO

PROLOGO

No puedo adjudicarme el título de sabio. He sido un hombre que busca y aún lo sigo siendo. Pero ya no busco en las estrellas y en los libros, sino que comienzo a escuchar las enseñanzas que me comunica mi sangre...

DEMIAN HERMAN HESSE

LOS PORQUES DE ESTE LIBRO

Después de diecisiete años de ejercer la actividad docente en el campo del marketing en la que me iniciaron mis primero profesores y después amigos Sergio Barraza, Fred Wechsler y José María Ferré Trenzano, y después de múltiples experiencias como consultor y directivo de empresas, me he ido enfrentando, cada vez con más insistencia, con la tarea de incorporar, potenciar y mejorar la orientación marketing en las empresas de servicios. Pero ésta no es la justificación de este libro. Existen muchos y variados porqués que me hacen enfrentarme a esta tarea que ahora empiezo. Concretamente son:

— Primer porqué: Los amigos me lo han recomendado, y como son amigos, son de fiar.

— Segundo porqué: Tengo dos hijos maravillosos y ya he plantado un árbol...

— Tercer porqué: Me gusta enseñar y me gustan los libros.

— Cuarto porqué: La escritura es creación y la creación es la máxima expresión humana.

— Quinto porqué: No quiero hacer un refrito documental, ni un manual para aprender en seis días. Quiero hacer algo propio. En la línea más parecida a mi estilo docente, con lo malo y bueno que pueda tener.

Este tiene que ser un libro conceptual. Dirigido hacia el entender, porque el que comprende en profundidad es capaz de valorar, criticar y avanzar. Para ello pretendo desmitificar, mostrar y comparar. Nuestro papel como profesores es y debe ser el de la observación, profunda y detallada, con sentido de futuro de la realidad actual. Porque así se han creado los mitos empresariales de nuestro tiempo y los del pasado que aún subsisten.

Barcelona, verano de 1989

BUSCANDO EL UNICORNIO: LA UTOPIA DEL CONTENIDO

Tres son los enfoques que uno suele encontrar en los libros de marketing. Uno, académico y academicista, donde el autor expone según un esquema conceptual más o menos rígido, sus conocimientos, complementados con citas bibliográficas de autores especializados en los temas o subtemas. Al lector que busque un libro de este estilo, le recomiendo los de Philip Kotler, Christopher Lovelock, Donald Cowell y Jean Paul Flipo.

El segundo enfoque, académico pero de desarrollo intelectual propio, en que el autor hace aportaciones importantes a la comprensión del tema, donde podríamos encontrar a Pierre Eiglier y Eric Langeard, Christian Grönroos y Peter Drucker.

El tercero, vivencial, personal, empírico, nos sitúa más cerca de Iacocca, David Ogilvy o Regis McKenna.

En España no existen demasiados libros de marketing, aunque hay que destacar el espíritu integrador de Enrique Ortega, el espíritu práctico de José María Ferré Trenzano, el carácter divulgativo de Roberto Alvarez del Blanco y los cultos a la divinidad de los amigos publicitarios.

Este libro pretende ser conceptualmente más del segundo enfoque, por los desarrollos conceptuales propios y ajenos, validados por la experiencia docente y por la aplicada. Si se ha logrado, es un juicio del lector, decisor y controlador de su calidad. Pero ésta es la expectativa que planteo y el reto de su redacción.

COMO SIEMPRE: UNO SOMOS MUCHOS

En general, todos y cada uno de los productos y servicios que existen son el resultado de un colectivo de personas que intervienen, en mayor o menor medida, en su concepción, producción y prestación. Evidentemente, este libro también lo es. Y de todos ellos quiero destacar, y así agradecerles públicamente, a:

— Antonio Solanilla, Javier Creus, Elida Heerooms y Montserrat Maresch, mis socios de Marketing Systems, por sus aportaciones, críticas y sugerencias a este manuscrito y por su ánimo para escribirlo.

— Toni Puig, que ha convertido el manuscrito en libro, en el texto y en la impresión. Carlos Rolando, que le dio el diseño y la forma. Montse Chías, descifradora del manuscrito ilegible elaborado bajo el sol del verano.

— José Antonio Patiño e Iñigo Echeveste, que han tenido la paciencia de escuchar y apuntar mis exposiciones en los cursos y seminarios de marketing de servicios de los últimos años.

— Mi mujer, Montserrat Jou, y nuestros hijos, Jordi y Alexandra, por la paciencia y comprensión de dejarme dedicar un tiempo, que era suyo, a este libro.

— Mis alumnos, de los que aprendí.

— Los profesionales que me permitieron colaborar en proyectos de innovación y mejora, de los que comprendí el sentido práctico de la gestión y el aprendizaje de la puesta en marcha. Y además su confianza y amistad.

Barcelona, invierno de 1989

COMO LEER ESTE LIBRO

He podido comprobar que para explicar la aplicación del marketing en las empresas de servicios el enfoque más útil es plantearse el tema desde el principio, como si pretendiéramos crear de nuevo la empresa. Por ello, éste es el esquema que se utiliza en todo el libro, con una introducción que intenta sentar las bases de los conceptos que guían todo su desarrollo.

Con el fin de facilitar la comprensión del lector, el esquema general del proceso de creación de servicios se repite a lo largo del mismo, resaltando en cada momento el tema que se está desarrollando.

Asimismo, se diferencian los conceptos claves de las explicaciones y ejemplos que a modo de ilustración se incluyen a lo largo de toda la exposición.

1 A MODO DE INTRODUCCION: MI MARKETING DE SERVICIOS

BEGIN THE BEGIN: PERO, ¿QUE ES MARKETING?

UNA coincidencia, quizá la única, que uno encuentra entre los múltiples cursos que ha impartido es la constante necesidad, quizá obsesión personal, de empezar explicando qué es y qué significa hacer marketing en la empresa.

Señalaba, hace ya algunos años, que marketing es una palabra mágica, detrás de la cual se incluyen conceptos equívocos, normalmente de dos tipos. Primero, los derivados de una significación instrumental del marketing, como, por ejemplo, ventas, promoción, publicidad, etc. Y en segundo lugar, los conceptualmente erróneos que identifican al marketing con técnicas sofisticadas destinadas a manipular... o mejor dicho, a hacer comulgar con ruedas de molino al público.

Conviene decirlo una vez más, con independencia de las definiciones formales, *marketing es el arte-científico del proceso de intercambio entre ofertante y mercado.*

¿Por qué es un arte-científico? Porque en la definición y gestión de este proceso, el ajuste científico queda muy concentrado en el análisis y comprensión del presente, pero no tiene, de momento, mucho que decir sobre el futuro lejano. Por ello un hombre de marketing[1]. Repito, por ello *un hombre de marketing es aquel capaz de aportar un valor añadido al hecho científico: la creatividad aplicada.* La capacidad de anticiparse al ideal actual para avanzar hacia el futuro. Con sentido práctico y empresarial del tema.

EL PROCESO DE INTERCAMBIO: EL QUE DEL MARKETING MIX

ANALICEMOS qué elementos están en la realidad intermedia que existe entre el ofertante y el mercado. Para ello concretemos *qué es el mercado.* A diferencia de la ciencia económica, en marketing el mercado no es un concepto teórico —el punto de encuentro entre la oferta y la demanda—, sino algo muy claro y concreto: *el*

[1] ¡Ojo, feministas! Utilizo y utilizaré este término verbal en su sentido genérico, asexuado, que incluye por tanto al género masculino y al género femenino, ya que el uso del término «hombres y mujeres» me parece reservado al populismo de la comunicación política.

colectivo de usuarios del servicio. Es decir, personas de carne y hueso, con nombre y apellidos, que piensan y deciden porque son seres inteligentes.

Este usuario, actual o potencial, ¿qué puede encontrar en nuestra oferta? Una gama de productos y servicios vendida a unos precios y condiciones, en unos puntos específicos, y una comunicación directa, personalizada o masiva. Este conjunto constituye lo que denominaremos *marketing mix* de oferta. Pero además, cuando sea nuestro cliente, se encontrará con un personal en contacto con el mismo, un procedimiento de servicio y una comunicación de uso que completarán el marketing mix del ofertante, constituyendo lo que llamaremos el marketing mix de la prestación.

Por tanto, en el proceso de intercambio encontramos dos subconjuntos de elementos que forman parte de un conjunto mayor, que constituye lo que se denomina el marketing mix de la empresa de servicios.

Marketing mix de la empresa de servicios

De oferta	**De prestación**
• Gama de productos y servicios	• Personal de contacto
• Precios y condiciones	• Procedimiento de servicio
• Puntos de venta	
• Comunicación	• Comunicación de uso

El término mix (mezcla) nos señala tanto la interrelación existente entre los dos subconjuntos —marketing mix del ofertante y marketing mix del cliente— como la que existe entre todos y cada uno de los elementos que componen los subconjuntos.

El primer mix existe, como paso previo, a la llegada del cliente. El segundo mix se concreta en el momento del servicio al cliente.

EL EQUILIBRIO EN EL INTERCAMBIO: BUSQUEDA DEL FIEL DE LA BALANZA

EN una frase sencilla, pero conceptualmente potente, «Value for money» resumen los anglosajones el objetivo del intercambio. Analicémosla con detalle. La empresa ofertante desarrolla una gama de servicios, la comercializa, la comunica, prepara un personal y diseña un procedimiento a un coste predeterminado. Pretende venderlos a un posible usuario a un precio que además de cubrir costes le ofrezca una plusvalía.

El posible usuario, por su parte, valora esta oferta en términos de utilidad —qué obtendrá de su compra— y de coste. Es decir, lo que tendrá que poner: dinero, tiempo, etc. Y espera también una plusvalía. ¡Que valga la pena! Siempre se enfrentan en el proceso de intercambio dos protagonistas, con intereses finales opuestos, ya que cada uno quiere obtener la plusvalía máxima en el intercambio. ¿Cuál debe ser entonces el enfoque para resolver el conflicto? Llevar el fiel de la balanza a su punto de equilibrio. Si se desequilibra fuertemente, o desaparece el ofertante, o nos abandona el cliente, cambiándose a otra mejor oferta o dedicándose a otra actividad.

En consecuencia, los servicios ofertados en un mercado competitivo, donde se puede escoger entre alternativas, reciben una respuesta directa y a corto plazo. Los monopolísticos la reciben indirectamente y a largo plazo a través del entorno legal, político, económico y social.

SERVICIOS: LAS TAREAS DEL SIERVO DEL SIGLO XX

SERVICIO, palabra derivada del latín «servitium», que significaba esclavitud, adquiere en la actualidad un valor diferente. *Primero, el servicio fue el valor añadido al producto,* que lo mejoraba frente al cliente, poniéndolo y manteniéndolo en disponibilidad de uso. Este enfoque complementario se da en la actividad económica industrial basada en el producto —bien tangible.

Posteriormente *el servicio fue una utilidad en sí misma que* a veces *necesita presentarse a través de bienes tangibles,* como transportes, alojamiento, etc. Y en otros *a través de la comunicación entre prestador y cliente,* como en el asesoramiento, enseñanza, etc.

El enfoque actual considera que *el servicio es* inherente a todos los procesos de intercambio y por tanto constituye *el elemento central de la transferencia,* que se concreta de dos formas: una sola —servicio en sí mismo— y otra mixta —servicio añadido a un producto.

De las diferentes definiciones existentes la desarrollada

por Jean Paul Flipo [2] aporta, desde mi punto de vista, una gran ayuda a su comprensión:

El servicio es el resultado de un acto o sucesión de actos, de duración y localización definidas, conseguido gracias a medios humanos y materiales puestos a disposición de un cliente individual o colectivo, según procesos, procedimientos y comportamientos codificados.

El estudio de la misma nos enfrenta al análisis detallado de las características diferenciales de los servicios.

CARACTERISTICAS DE LOS SERVICIOS: COMPRENDER PARA CONOCER

TRES son las características específicas de los servicios que marcan, desde el principio, su gestión única:

— *La propiedad:* más que propiedad del producto los clientes compran uso, actividad o disponibilidad del servicio.

— *El contacto directo:* Entre el prestador y el usuario hay un contacto directo, físico y personal, tan sólo limitado por la cesión que el ofertante hace de este contacto al canal de distribución, aunque las nuevas tecnologías pueden evitar el cara a cara.

— *La participación del cliente:* En servicios, la producción y el consumo son inseparables, por lo cual deberemos considerar al cliente no sólo como consumidor, sino como elemento activo del proceso de producción y prestación del servicio.

Estas tres características hacen que todo *servicio* sea *intangible, perecedero, inseparable del usuario y heterogéneo.* Por ello deberemos considerar en su gestión que:

El servicio es un producto intangible. La gestión del servicio implica considerar que tenemos un producto inestocable, impatentable, irrepresentable visualmente. Es decir, en cierto sentido inexplicable. De ahí la importancia que adquieren para la representación del servicio aspectos como la marca, identidad corporativa, los elementos visibles para la presenta-

[2] *Le management des entreprises de Services. El d'organisation.* París, 1980.

ción (edificios, vehículos, maquinaria, mobiliario, productos a usar por el cliente) y el personal en contacto.

Si no hay usuario no hay servicio. La gestión de la producción tiene que ser variable en tiempo y espacio para que sea capaz de dar un nivel de respuesta lo más preciso posible. Es decir, «just in time». La gestión productiva es la gestión de la flexibilidad, salvo que convirtamos al usuario en el elemento sufridor del proceso productivo, tan arraigado en hospitales, compañías aéreas, aeropuertos, etc., donde el cliente tiene que esperar, pedir número, hacer cola y ¡VALE!...

En el mercado todos somos diferentes. La participación en la producción y las diferencias en su comportamiento como productor y usuario nos señalan la dificultad intrínseca de los servicios de dar un nivel estándar de calidad. Ello nos llevará a considerar dos aspectos clave en la gestión de la calidad: la operacional y la relacional en la definición y prestación del servicio.

LA EMPRESA DE SERVICIOS: LO QUE IMPORTA ES EL CLIENTE

DICHO en otros términos, no es posible gestionar una empresa de servicios apta para todos los públicos. Pero al contrario, tampoco es posible pensar como algunas instituciones y empresas, que actúan considerando al cliente como un mal necesario. Cabría recordar a Orson Welles [3] cuando se dirigía al mundo cultural:

> *El intelectual suele encontrar cierta satisfacción en el reconocimiento de las minorías... Ninguno de nosotros puede afirmar ya que las masas no están preparadas para lo que tengamos que decirles. Si hacemos esas extrañas afirmaciones, lo único que haremos es admitir que somos nosotros los que aún no estamos preparados para interesar al pueblo.*

En definitiva, ¿qué debe ser una empresa de servicios? Aquella que *se establece y organiza pensando en un colectivo concreto de usuarios* y que considera al usuario, como señala el diccionario ideológico de la lengua española, «el que tiene derecho de usar de la cosa ajena con cierta limitación».

---

[3] Orson Welles, artículo publicado en *Free World,* diciembre 1944.

SERVICIO PUBLICO: ¿LA LOCOMOTORA DEL FUTURO?

YA, anteriormente, he señalado que el peor enemigo de la empresa de servicios es su referencia conceptual a la «gestión clásica». También las empresas e instituciones públicas tienen además un nuevo espejo, totalmente deformante, en el que se miran y con el que las comparan: la empresa privada como prototipo de la optimización en el uso de los recursos. Pero la empresa privada no está enfrentada a los mismos principios de gestión.

Quizá conviene recordar los *principios básicos que deben regular la actuación pública*:

— Primero, *la igualdad de tratamiento para todos los relacionados con el servicio.* Aun cuando no es necesario que un servicio público esté al servicio de toda la población, ya que puede estar diseñado para colectivos más necesitados de apoyo, lo que deberá evitarse es el carácter elitista en lo socio-cultural, el centralismo en la distribución territorial y lo endogámico en la difusión.

— Segundo, *la continuidad espacial y temporal en la prestación del servicio.* Los modelos afrancesados de la administración pública española tienden históricamente a discriminar las periferias del centro a nivel estatal, autonómico y local, actuando más como acentuadores que como correctores de los desequilibrios territoriales. A su vez, en lugar de contribuir a la desestacionalización temporal, la siguen incrementando, ya que su calendario se ha convertido en modelo de referencia obligado para la gestión privada.

— Tercero, *el cambio continuo,* tanto para mantener el nivel como para anticiparse a la sociedad, que cambia en forma continua y no siempre al mismo tiempo. Históricamente el papel de la administración y sus servicios ha sido el de vagón de cola del avance social. Hoy en día cuando los macroproyectos capaces de hacer avanzar una sociedad sólo pueden ser asumidos por las instituciones públicas como, por ejemplo, los JJ.OO. de Barcelona, éstos se convierten en motor de un cambio social. Este espíritu se ve reflejado en las palabras de Narcís Serra, cuando era alcalde de Barcelona, comentando el posible impacto de los Juegos Olímpicos en la ciudad: «Por su trascendencia para la Barcelona del futuro, si no existiesen los JJ.OO. habría que inventarlos.» Este espíritu proactivo frente al entorno es el que debe canalizar un auténtico servicio público.

No obstante, los servicios públicos deben reorientar su enfoque actual, ya que el mercado único europeo introducirá para muchos de ellos el fin de la cautividad del cliente, bien por la paulatina disminución de los «precios anzuelo» (precios inferiores al coste de explotación), o bien por la pérdida del monopolio legal. Al respecto, recuerdo una conversación con un directivo de Campsa que decía: «El mejor motor para el cambio de esta empresa está siendo la convicción, por parte de todos, de que mañana los tendremos a todos aquí, compitiendo con nosotros.»

Si los servicios públicos no afrontan este reto pueden encontrarse como el vagón de cola, lujosos pero aparcados en la vía muerta.

SERVICIOS AQUI Y AHORA: EL ESTADO DE LA CUESTION

DE los múltiples análisis que mis alumnos de Esade han efectuado en las empresas de servicio de este país y que mis colaboradores han ido analizando, se deduce la existencia de cuatro *tipos de empresas* de servicio por su orientación hacia el mismo:

Las ANTISERVICIO

Son empresas caracterizadas por una falta de orientación, tanto hacia el cliente como hacia el propio personal.

Las NO SERVICIO

Se caracterizan porque la empresa está al servicio de los componentes de la misma, que obligan al mercado a coger lo que hay.

Las SERVICIO MENTAL

Se da en empresas que tienen planes, en el papel, y una comunicación que vende un servicio que luego no se encuentra en la realidad cotidiana.

Las SERVICIO CADA DIA

Se da en empresas que buscan fidelidad en sus clientes porque entienden que una compra repetitiva en un contexto competitivo es un plebiscito público de su calidad de servicio. Por ello están mejorando continuamente a partir de los pequeños detalles y de lo cotidiano.

Asimismo, en este estudio se ha analizado *la orientación marketing de las empresas.* Y al respecto se han encontrado también cuatro tipologías:

La OFERTA ES EL REY

Su servicio es tan bueno, único y diferente que el mercado se lo debe agradecer y, por tanto, está en la obligación de buscarlo. Marketing ¿para qué? El marketing se necesita sólo cuando el servicio es mediocre, porque el buen paño en el arca se vende.

El CLIENTE ES EL REY

Nuestro servicio es responder a todos y a cada una de las peticiones de nuestros clientes. Nuestro marketing es artesanal, hecho a la medida de cada cliente. Cuando se profundiza en el análisis se descubre que en realidad no existe marketing sino servilismo.

El MARKETING

Nuestro servicio es bueno, lo que falta es promoción y ése es y debe ser el papel del marketing: traernos clientes. Hacemos anuncios, exposiciones, regalos y hasta promocionamos actividades cívicas y culturales.

El MARKETING INTEGRAL

Empresas que ofrecen servicios tipo, para un segmento de clientes con un estilo definido. En éstas el marketing, como enfoque, se realiza en toda la organización porque la orientación al mercado está implícita en todas sus áreas.

No se presenta aquí la lista de empresas y sectores presentes en cada tipología de servicio y de marketing. Mi objetivo, al señalar las tipologías, es ayudar al lector a autodiagnosticar el estado actual de su empresa. Porque esta situación es superable. Por voluntad o por presión competitiva. Y ése es su reto.

EL PROCESO DE CREACION DE SERVICIOS

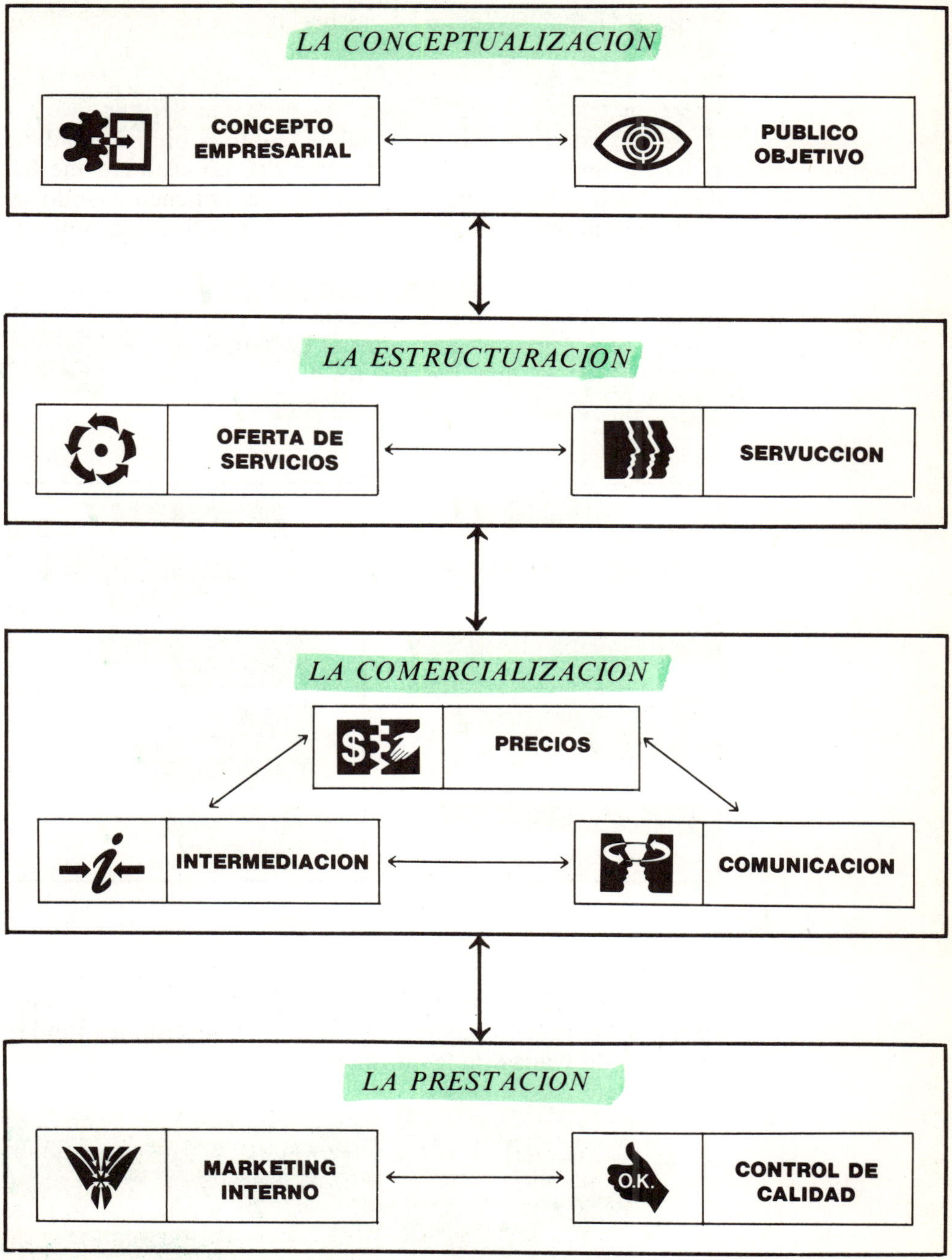

CREACION DE SERVICIOS: EL METODO DE REFLEXION

EN general, *el proceso de creación de un servicio* está alimentado por dos fuentes: *la creatividad intuitiva,* fruto de la sensibilidad singular de una persona frente a la realidad actual y su percepción diferencial. *Y la ordenación estructural de esta creación* a través de un proceso de prueba y ajuste en la realidad del mercado, o a través de la reflexión sistemática de la idea con la ayuda del método.

En mi experiencia profesional he tenido la oportunidad de practicar ambos enfoques por separado. La realidad me ha demostrado que los mejores resultados se obtienen cuando se combinan ambas fuentes: la creatividad intuitiva y la ordenación estructural.

Existen diversos enfoques metodológicos que abordan el proceso de creación desde su inicio hasta su aplicación en el mundo real. Pero de todos ellos el desarrollado por Eiglier y Langeard es el que me ha resultado más útil y me ha permitido establecer el siguiente proceso:

FASES	DECISIONES
Conceptualización del servicio.	— Concepto empresarial. — Público objetivo.
Estructuración del servicio.	— Oferta de servicios. — Servucción.
Comercialización del servicio.	— Precios. — Intermediación. — Comunicación.
Prestación del servicio.	— Marketing interno. — Calidad.

Este proceso en cuatro fases es el que se utiliza en este texto y servirá de hilo conductor de todo su contenido. Analicemos primeramente cada fase y las decisiones fundamentales derivadas de las mismas:

— *La primera fase,* que denominamos de *Conceptualización* del servicio, es la que establece lo que en términos de definición de la unidad estratégica de negocio llamaríamos *producto-mercado.* De forma mucho más práctica sería la fase en la que damos respuesta a la pregunta. *¿En qué negocio estamos?*

— *La segunda fase, Estructuración* del servicio, nos introduce en el mundo real mediante la *delimitación de la gama de servicios* a ofertar al mercado, lo que nos obliga, casi siempre, a incorporar a la idea inicial, servicios que la hagan posible y/o la complementen. A su vez, y como consecuencia de esta definición, procederemos a definir la servucción, neologismo que pretende describir el proceso de *establecimiento de la capacidad de realizar* estos servicios. Es decir, en estas fases concretamos todo *lo que vamos a hacer y cómo vamos a ser capaces de hacerlo.*

— *En la tercera fase,* de *Comercialización* del servicio, se procede a completar el marketing mix abordando aquellos aspectos que se han considerado parcialmente en la fase dos, que son: *los precios, la intermediación y la comunicación.* Así completamos *nuestra oferta de qué y cómo al público objetivo.*

— Finalmente, en *la cuarta fase,* que denominamos de *Prestación* del servicio, el cliente aparece y se realiza la *producción y consumo del servicio.* Para ello nos centramos en la definición de la actuación del personal de la empresa de servicios, mediante el programa de marketing dirigido hacia el mismo y en el resultado de la prestación a través de la medición y actuación sobre la calidad real y cotidiana.

Es evidente que esta metodología, como otras existentes, tiene que ser abordada, como señalaba Fred Wechsler, con el espíritu del tango: «Dos pasos hacia adelante y uno hacia atrás.» El proceso de diseño del servicio, más que secuencial, debe ser interactivo para lograr que todo sea coherente y esté cohesionado.

LA CONCEPTUALIZACION: CLAVES DE PARTIDA

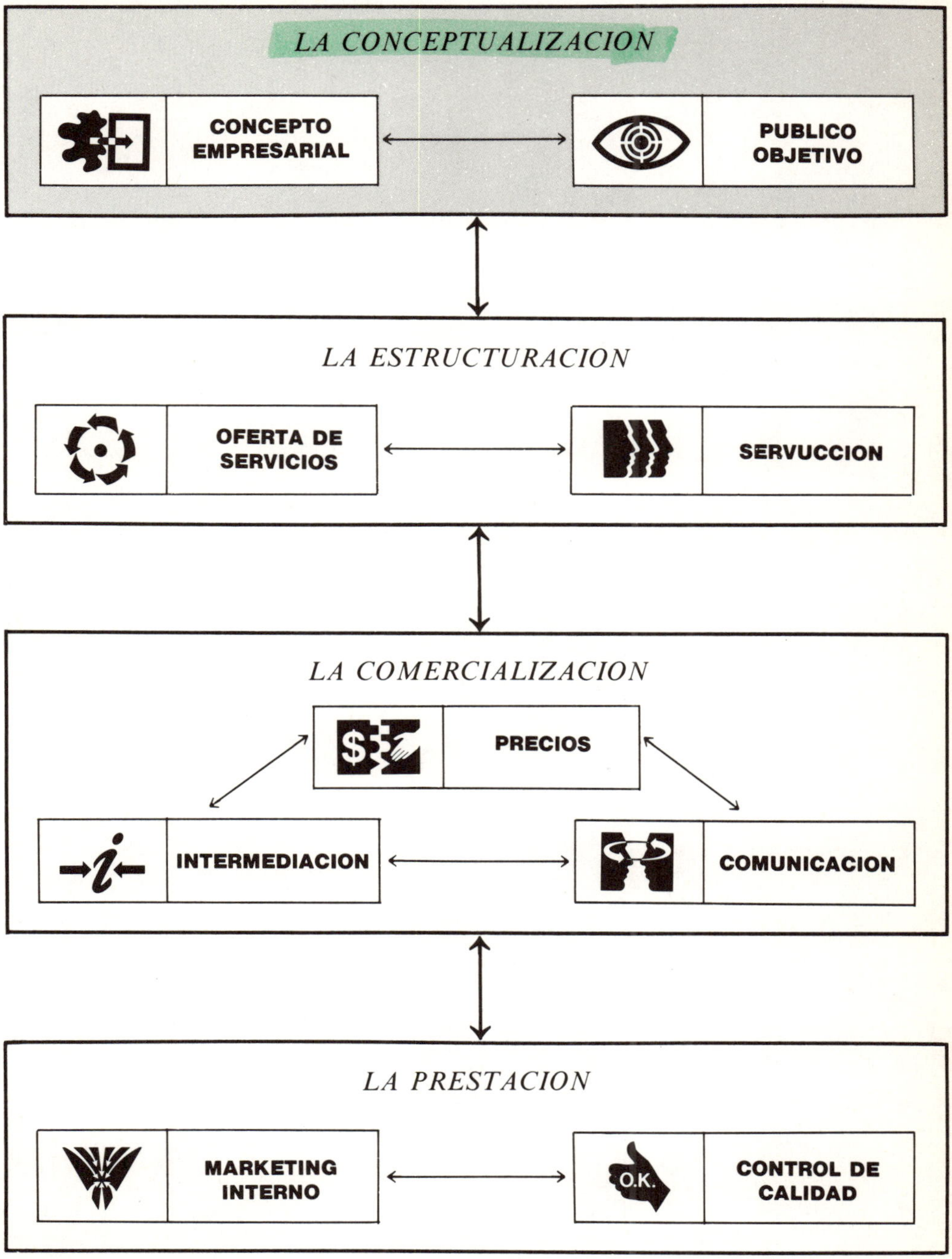

2 *CONCEPTO EMPRESARIAL*

CONCEPTO EMPRESARIAL: LA UNION DE ARISTOTELES Y PLATON

UNA de las tareas más difíciles y complejas de todo el proceso es la definición del concepto empresarial, quizá porque es la decisión en la que la capacidad creativa es más importante y porque es clave para el éxito inicial y futuro de la empresa.

Según *Aristóteles,* un concepto es *una abstracción de la realidad.* Según *Platón, algo que existe que hay que aclarar.* En definitiva, indicar las propiedades esenciales de una idea.

¿Qué es, pues, *el concepto empresarial*? La definición de *lo principal que ofertará la empresa y comprará el usuario.*

Es, pues, *una definición doble de oferta empresarial y de utilidad para el usuario.* Es al mismo tiempo *el núcleo de la oferta de servicios* a desarrollar y *el elemento central de la propuesta de posicionamiento* que desarrollaremos con respecto a la competencia, directa o indirecta, en el mercado.

Esta definición nos enfrenta con una cuestión doble:

¿Cuál es nuestra especificidad?
¿Qué es esta especificidad en términos de usuario?

Algunos ejemplos nos ayudarán a comprender su definición:

Cuando en 1983, junto con Climent Guitart, nos enfrentamos a la tarea de realizar el Plan Marketing del Turismo Español, el objetivo era complejo y difícil, pero la realización se agilizó cuando logramos sintetizar este concepto macro-empresarial mediante la frase «España = Diversidad bajo el sol», que luego permitió todo el desarrollo posterior. Si nos planteamos la doble cuestión, vemos que la especificidad de España estaba en que su oferta turística era la más completa y diversificada del entorno competitivo más importante, el denominado Gran Mediterráneo que llega hasta las Islas Canarias. Y a su vez, los análisis de los estudios motivacionales en los mercados europeos nos indicaban que el sol, como tal y como símbolo de salud, estaba presente y en primer lugar en las motivaciones vacacionales. Por ello, la integración de ambos conceptos: Diversidad en oferta y Sol, elemento clave del que ningún competidor se había apropiado, permitían definir un concepto paraguas que cubriría toda la oferta turística española.

En 1988, el Grupo Sol compró la cadena hotelera Meliá y decidió convertir a Meliá Hoteles en la marca de alto nivel del grupo, con la incorporación de los hoteles de más alto prestigio del grupo como el Salinas, Botánico, Sarrià, Corona de Aragón, etc. Se planteó en aquel momento, entre otras cuestiones, cuál debía ser el concepto del Servicio Real como «Un hotel dentro del hotel de cinco estrellas en el que junto al nivel máximo de calidad pudiera el cliente sentirse acogido, recogido y reconocido».

En 1987, cuando Montserrat Ollé asumió la dirección del entonces denominado B.T.C. Centro de Desarrollo de Empresas del Parc Tecnològic del Vallès, me pidió que colaborara en su plan de promoción. De las reuniones de trabajo iniciales se dedujo que era importante concretar el concepto empresarial del servicio. Este enfoque nos llevó al siguiente concepto: El Centro de Empresas de Nuevas Tecnologías (lo que obligó incluso al cambio de denominación) es un conjunto de servicios al empresario para convertir sus proyectos en empresas.

Una de las conclusiones que la experiencia me permite establecer es que una buena definición del concepto empresarial es la base para toda la estructuración, comercialización y prestación del servicio, porque se convierte en elemento de referencia para la medida de la cohesión y coherencia de todas las decisiones. Asimismo, facilita enormemente el trabajo comunicacional, pues es el punto de partida del mismo, ya que concreta lo que tenemos y lo que supone su uso al cliente. *El concepto debe definir el ámbito de todos los servicios* a ofertar, sean éstos básicos o periféricos. Sobre este tema volveremos cuando analicemos la definición de la oferta de servicios. Quizá debamos retener al respecto una idea clave: «Una empresa de servicios es siempre multiservicio». Por esto la delimitación del qué hacer y qué no hacer es fundamental.

CREACION DEL CONCEPTO: IDEAS INNOVADORAS Y COPIAS QUE MEJORAN

OTRA cuestión importante es si el concepto tiene que ser innovador o puede ser una copia de otros existentes. Mi respuesta es clara y rotunda. *Puede ser innovador* si entendemos como tal aquel que no existe antes y, por lo tanto, deberá educar al mercado sobre el mismo. *O puede ser una copia mejorada.* Un análisis detallado del funcionamiento de los servicios actuales nos muestra la existencia de defectos en su gestión y en la percepción por parte del cliente.

Por ejemplo, las consultas médicas privadas que teóricamente venden una atención más personalizada se caracterizan por la amplitud de las salas y los tiempos de espera, ya que casi nunca cumplen el horario previsto. En un momento en que el tiempo tiene para muchas personas un valor importante, una mejora de este procedimiento podría permitir el desarrollo de un concepto médico privado mucho mejor. ¿Sería ésta una innovación? Creo que no. Pero sí una mejora sustancial del servicio.

La ampliación y cambio de concepto a lo largo del tiempo, debe abordarse desde esta primera fase, ya que la presión competitiva hace incorporar continuamente servicios a la oferta y suele hacer perder la especificidad implícita en la definición del concepto. En general, he observado que, al crecer, muchas empresas de servicios sufren graves *problemas de gestión porque olvidan el concepto que les dio el éxito.*

3 *PUBLICO OBJETIVO*

PUBLICO OBJETIVO: UNA FICCION UTIL

LA otra gran decisión de la fase de conceptualización del servicio es *la selección del colectivo de usuarios hacia el que vamos a orientar toda la actuación empresarial.*

La definición del público objetivo es una necesidad que facilita la tarea de estructuración, comercialización y prestación. Pero es una realidad de papel, que orienta la gestión. Es prácticamente imposible evitar que personas que no pertenecen al público objetivo puedan, por su propia decisión, convertirse en usuarios del mismo. Pero si así lo hacen, su nivel de insatisfacción tiene que ser mayor que el de un miembro del público objetivo. Porque la oferta de servicios se ha estructurado pensando en otros, que son diferentes de él. Porque recibe un «value for money» más descompensado. Porque en definitiva, mientras que el público objetivo tiene que sentirse como «pez en el agua» con nuestro servicio, él por diferencia se sentirá como «un pato mareado».

¿Qué es un público objetivo? Un colectivo de potenciales usuarios, definido y seleccionado por la empresa, frente a otros, *en el que se da un nivel de homogeneidad alto en sus características de comportamiento.*

A su vez, la calidad y profundidad del conocimiento empresarial de estas características se convierte en la base científica para la toma de decisiones posteriores y para la medida de la coherencia del marketing mix ofertado al mismo.

El proceso de definición del público objetivo es sencillo en su formulación y complejo en la realización. Pueden considerarse *tres etapas*:

Etapa 1. Comprensión del mercado potencial.

Etapa 2. Segmentación del mercado.

Etapa 3. Selección del público objetivo.

Analicemos con detalle cada una de las fases.

EL MERCADO POTENCIAL: MUCHOS Y TODOS DIFERENTES

DEFINIDO *el mercado potencial* como el *conjunto de personas y/o instituciones posibles usuarias de nuestro tipo de servicio,* nos enfrentamos a una primera decisión. ¿Es conveniente dividirlos entre usuarios actuales o mercado real y no usuarios o mercado no motivado? Desde mi punto de vista, esta distinción es importante cuando la empresa de servicios no es pública y sus posibilidades de actuación son limitadas. En este caso, será útil concentrarnos inicialmente en el mercado real. Otro elemento que debemos considerar es el concepto empresarial. Si es innovador, hay que enfocarse hacia el mercado potencial. Si es una mejora, será útil concentrarse en el mercado real.

Aun cuando esta decisión no afectará al enfoque del análisis, sí que servirá para optimizar el importante esfuerzo de investigación de mercados a realizar.

Ya hemos señalado anteriormente que el *mercado* es un conjunto de usuarios, en el que *cada uno* de sus elementos *es diferente de los demás.* Por ello, lo que pretendemos conseguir es una agrupación de estos individuos diferentes, por sus similitudes, en relación con el servicio.

Para enfocar este análisis debemos diferenciar dos aspectos del mismo: la identificación del mercado y la descripción del mercado.

La identificación del mercado es el proceso que nos permite establecer el «carnet de identidad» de cada miembro del mercado. Se consideran los criterios sociodemográficos como edad, sexo, hábitat, clase social, nivel de educación, etc.

La utilidad de esta identificación se centrará especialmente en las siguientes cuestiones:

— Cuantificación de mercado.
— Selección de los medios de comunicación.
— Ubicación de puntos de prestación del servicio.
— Aportaciones al estilo comunicacional.
— Valoración parcial de precios.

Pero nos aporta muy poca información para la definición de la oferta de servicios, de precios y condiciones, de política de distribución, de mensaje comunicacional, de selección de canales de comunicación, del personal en contacto, de la imagen de marca, etc.

Por ello es absolutamente necesaria la *Descripción del mercado,* entendida como *la profundización en su comprensión.*

Existen diversos enfoques técnicos para abordar esta descripción. Desde un punto de vista práctico, es conveniente iniciarlo con la recopilación sistemática de la experiencia y conocimiento del mercado que tiene la empresa. Es lo que denomino la sistematización del marketing opinático, o dominio de la opinión sobre el mercado. El objetivo de esta tarea de descripción del mercado es aportar la información sobre los «hábitos de mercado», que no es más que la respuesta concreta a las preguntas explicativas de los tres hábitos relacionados con la acción empresarial: los de información, compra y uso del servicio.

Fase 1: Comprensión del mercado potencial

Cuestiones clave	Información	Compra	Uso
QUE QUIEN CUANDO CUANTO COMO DONDE POR QUE PARA QUE			

Al realizar este enfoque se descubre que las diferencias entre los miembros son debidas a respuestas diferentes en una o varias de estas cuestiones.

El segundo aspecto que se descubre es la reducida reflexión y conocimiento en profundidad que se tiene del mercado. Y es en este momento donde se hace evidente la necesidad de complementar el enfoque del marketing opinático con el marketing científico.

Para ello es imprescindible realizar estudios cualitativos que completen y tipifiquen estos hábitos. No es mi objetivo en este libro valorar a los profesionales existentes. Pero quiero destacar la labor investigadora, docente y profesional realizada por el doctor Josep Llusá, un espíritu independiente, casi ácrata, con buenas dosis de sentido del humor.

El resultado final del doble enfoque es de un valor práctico incalculable. Entendemos el mercado, tenemos una información empírica que nos servirá de base para las fases de estructuración, comercialización y prestación. Tan sólo nos falta la toma de decisiones empresariales frente a la misma.

SEGMENTAR EL MERCADO: UNA DECISION EMPRESARIAL, UNICA E INTRANSFERIBLE

EXISTEN trabajos profesionales que además de constituir un reto profesional son fuentes de aprendizaje de un valor incalculable y aportan tal cantidad de reflexiones que deberían ser considerados, en el mundo académico, como una investigación aplicada.

Por ejemplo, en 1987, la compañía de Transportes Metropolitanos de Barcelona me invitó a participar en un proyecto titulado «Plan de Marketing Infantil». Tras realizar diversas acciones promocionales dirigidas a este colectivo, se planteaban la realización del Plan como primera fase de un proceso de mayor ámbito. Se abordaba, pues, el problema con una división de mercado realizada mediante un criterio de identificación: la edad, que parecía señalar la existencia de hábitos diferentes y diferenciados de los restantes colectivos.

Tras un análisis del marketing opinático interno, se llega a la rápida conclusión de realizar un estudio cualitativo.

Los resultados fueron claros y contundentes: los niños no sólo explicaban sus hábitos, sino que al mismo tiempo explicaban los del mundo de los mayores. Con una profundidad y precisión mucho mejor que la que éstos hacían de sí mismos.

La segunda conclusión, más en línea con lo que estamos hablando, era que todo el equipo de trabajo, interno y externo a la empresa, llegó a la conclusión de que no era posible establecer un Plan de Marketing específico para el segmento infantil ya que su contenido, en un 80-90 por 100, se correspondía con lo que podría ser el Plan General de Marketing.

Este ejemplo me sirve para evidenciar que *la segmentación de mercados es una de las decisiones más complejas y que tiene que ser analizada y tomada en forma específica para cada empresa.* Porque el mercado no está segmentado. El mercado lo segmenta el que lo analiza, atendiendo sobre todo a su capacidad de acción frente al mismo.

¿Qué significa, pues, *segmentar el mercado? Agrupar a los individuos del mercado en grupos similares por sus hábitos, de tal manera que exijan un tratamiento operacional diferente y diferenciado*.

Esta agrupación exige unos niveles de conocimiento de la capacidad de respuesta de la empresa al mercado que difícilmente se dan en los institutos de investigación de mercados externos a la misma, por lo que sus conclusiones de segmentación deben ser interpretadas como una propuesta de actuación.

Igual que cuando hablábamos del concepto empresarial decíamos que muchas mejoras eran ahora éxitos espectaculares, también hay que señalar que la introducción de nuevos criterios de segmentación puede ser el éxito de la fórmula empresarial.

Merece un comentario especial el tema de *la segmentación en los servicios públicos*. Ya hemos señalado anteriormente que una de las características diferenciales de la empresa pública es su obligación de dirigirse a todos los relacionados con el servicio. Es decir, sus usuarios reales y los no motivados, ya que se dirigen a todo el mercado potencial.

¿Cuál es entonces el sentido de la segmentación? La segmentación sirve para *detectar qué público está mejor o peor atendido para así distribuir el esfuerzo,* de tal manera que permita que todos lleguen a ser usuarios del servicio. En consecuencia, el público objetivo sólo será una selección de prioridades de esfuerzo de gestión.

HABITOS DE USO: FUENTE DE INNOVACION EN LOS SERVICIOS

EL lector conocedor del marketing general podría argumentar que este procedimiento, salvando el énfasis puesto en el esquema de los hábitos, no tiene nada de específico o diferencial. Y es cierto. Los conceptos y procedimientos generales del marketing pueden ser de total aplicación en los servicios. Pero ya hemos dicho antes que *el usuario es además coproductor*. Esta es la razón por la cual, al efectuar el estudio de mercado, es importante la observación directa de uso del servicio.

Se dice que el hombre es un animal de costumbres. Se conoce que en los servicios un estilo empresarial impone un determinado comportamiento. Se ha observado que del análisis de las disfuncionalidades se han podido establecer grandes programas de mejora.

Quizá, de ellos, el más espectacular ha sido el desarrollado por McDonald's, que en los últimos años se ha propuesto reducir el tiempo de espera, desde la formulación del pedido a la recepción del encargo, en treinta segundos. Sí, treinta segundos. Ahora McDonald's ha aumentado su productividad sobre Burger King en treinta segundos. Una nimiedad. No, rotundamente no. Suponiendo un encargo medio de 400 pesetas, que se serviría en dos minutos, ahora pueden aumentar su facturación en 100 pesetas cada dos minutos, durante cuatro horas punta en todos sus puntos de venta. ¡Esto supone tan sólo un aumento de facturación, además de la calidad y ventaja competitiva que supone de 12.000 pesetas/día en cada uno de ellos!

Al respecto, recuerdo que, cuando con Rolando & Memelsdorff, estudiamos el diseño del cajero automático «Caixa Oberta» de la Caixa de Barcelona, se analizó por qué los cajeros que entonces existían tenían tan poca aceptación en la población. Se encontraron varias causas. Una, su escaso atractivo. Otra, la dificultad de uso de los existentes, que como muchos de los procedimientos bancarios no estaba pensado en términos de cliente.

Por el contrario, se tenía a favor la fascinación por el uso y dominio de la tecnología.

Con estas bases se abordó el diseño del lenguaje del cajero. En primer lugar, hablaba como una persona educada. Daba la bienvenida, pedía las cosas por favor, daba las gracias, etcétera. En segundo lugar, utilizaba un lenguaje sencillo y comprensible para el público de nivel educacional más bajo. En tercer lugar, se hicieron pruebas de localización real del público para verificar no sólo los errores de comprensión, sino todas y cada una de sus reacciones. El resultado fue espectacular (el público llegaba al límite de hablar con la máquina), y el servicio se convirtió en el modelo a copiar por el sector.

Puede ser un gran error pensar que el autoservicio sólo supone ampliar en el tiempo la disponibilidad de uso. A su vez, mejora la calidad. Al tener que cubrir todas las posibilidades, exige una profundización sobre las mismas en la fase de estudio que suele poner en evidencia defectos importantes de estructuración y prestación del servicio actual, basado en la intervención personal.

En otros casos, investigando sobre la comunicación y señalización interior de empresas y servicios, Elida Heerooms, una profesional del detalle hasta límites insospechados, ha podido reducir en casi un 50 por 100 el número de señales y anuncios de establecimientos, mejorando sustancialmente el nivel de información y reduciendo las consultas del personal dedicado a otras actividades.

Creo que los estudios de comportamiento de uso ponen en evidencia muchos de los defectos de los servicios actuales. En definitiva, son una de las claves para conseguir que la empresa de servicios deje de ser el tuerto en el país de los ciegos.

LA SELECCION DEL PUBLICO OBJETIVO: LA DIANA PARA LA MEDIDA DEL EXITO

ESTABLECIDOS los segmentos del mercado, la última fase del proceso corresponde a la toma de decisiones. Es el momento en el que la empresa se enfrenta a la selección.

Mi primera recomendación para una empresa en funcionamiento es «Conservar los clientes». Es seguro que el coste de conservación es más bajo que el de captación de uno nuevo. Pero, ¿por qué se van los clientes?

Es evidente que como resultado del proceso de segmentación podremos, como mínimo, dividir el mercado entre clientes y no clientes.

Si escoger el público objetivo es seleccionar entre los diversos segmentos posibles, aquel o aquellos hacia los que la empresa va a dirigir toda su gestión, es lógico pensar que el segmento de los clientes actuales tiene que ser uno de los posibles objetivos. Pero un plan de empresa admite seleccionar públicos principales y públicos secundarios. Por ello deberemos, además, incorporar varios segmentos. A su vez hay que tener presente que *la empresa de servicios es una ofertante de multiservicios y, en consecuencia, existirán públicos objetivo para el global y para cada uno de los servicios.*

> *Por ejemplo, un hospital general puede tener junto a un público objetivo global, públicos específicos para servicios específicos, tanto médicos como paramédicos, e incluso públicos secundarios para sus labores docentes, investigadoras y de prevención médica.*

¿Cuáles son *los criterios para seleccionar* los públicos objetivo? En primer lugar, la consideración por parte de la empresa, de si los segmentos analizados son lo que se denomina *segmentos estratégicos:* ¿Tiene la empresa la capacidad actual o la posibilidad de modificarla para poder atender a las necesidades del segmento? Dicho de otro modo: *¿Será la empresa capaz de desarrollar un «value for money»*[4] *igual o mejor que los existentes?* No es por tanto sólo un enfoque de costes, sino un enfoque de creación de valor de mercado. En este punto será fundamental el detallado diagnóstico de la «expertise» empresarial, medida en términos de estructuración, comercialización y prestación del servicio.

Si el segmento es estratégico tendremos valorada la posibilidad de selección. Pero la selección definitiva estará relacionada con *un segundo aspecto, la capacidad real de la empresa de atender a todos los segmentos estratégicos.*

---

[4] Véase «El equilibrio en el intercambio: búsqueda del fiel de la balanza».

Esta valoración, más ligada al volumen de recursos necesarios, nos permitirá a cada empresa tomar la decisión definitiva: la determinación de los públicos objetivo. *Si la empresa es nueva,* la recomendación es clara: Escoja sólo un público objetivo y concentre su gestión en él.

Con esta decisión, tenemos completada la primera fase del proceso de creación del servicio. En la segunda fase de estructuración nos basaremos en toda la información de esta fase y, quizá, deberemos corregir las dos decisiones iniciales o básicas: concepto empresarial y público objetivo.

LA ESTRUCTURACION DE LOS SERVICIOS: DEFINIR EL QUE Y EL COMO

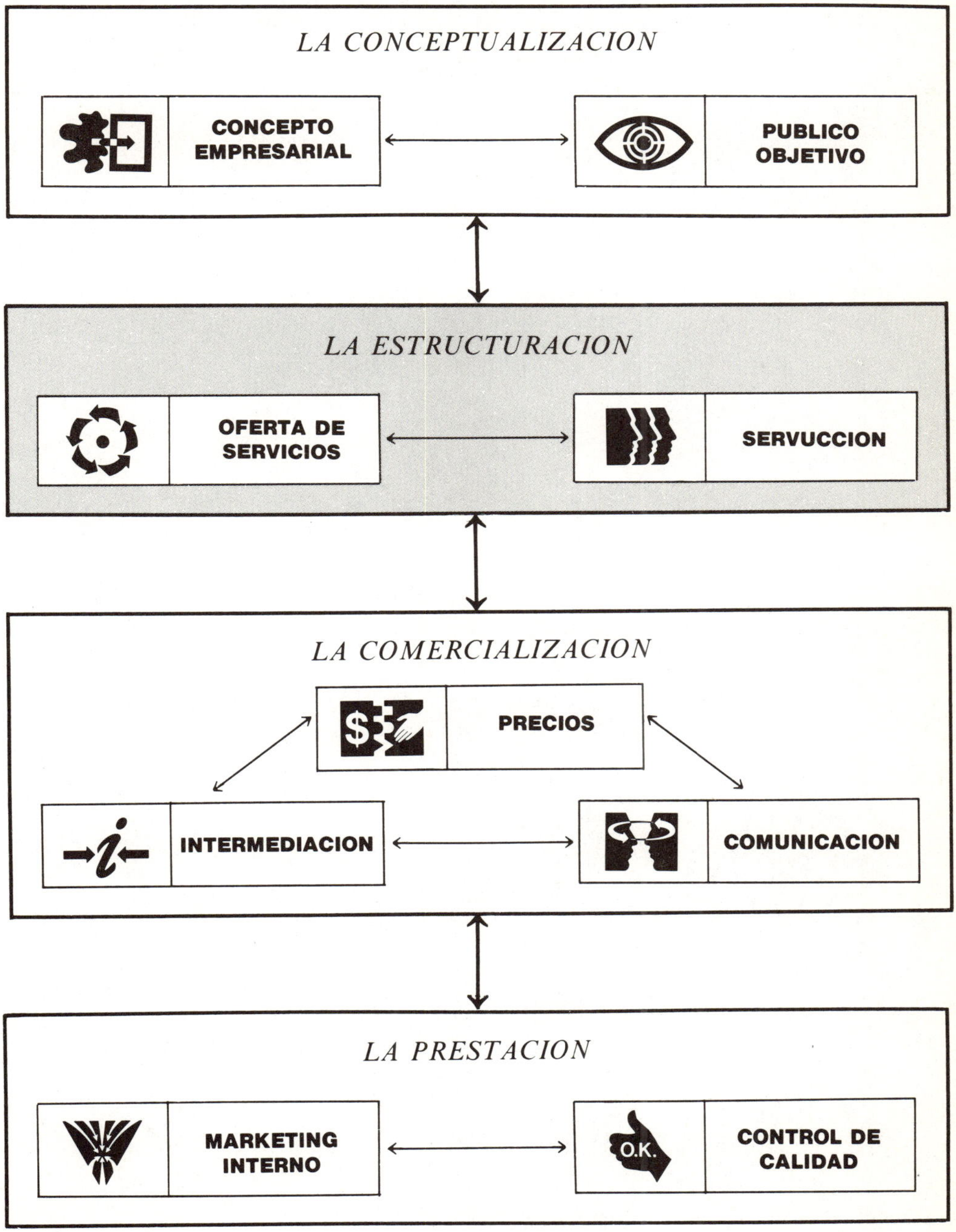

4 *OFERTA DE SERVICIOS*

LA OFERTA DE SERVICIOS: UNA GAMA COMPLETA E INTERRELACIONADA

LAS decisiones correspondientes a la fase de estructuración del servicio son la definición de la oferta de servicios y el diseño de la servucción de esta oferta.

Para *abordar la definición de la oferta de servicios* es preciso efectuar una aproximación muy detallada que permita no olvidar ninguno de los múltiples aspectos que intervienen en su definición.

Esta detallada aproximación se inicia con *el establecimiento del listado de servicios elementales* que será necesario satisfacer para dar respuesta empresarial a la conceptualización del servicio.

Imaginemos que nuestro concepto empresarial fuese el transporte aéreo entre dos ciudades —tipo puente aéreo— para un público objetivo principal de hombres de negocios que desean ir y volver diariamente. Supongamos que genéricamente puede hablarse de:

— *Reservar plaza.*
— *Recibir billete.*
— *Pagar billete.*
— *Recepción en aeropuerto.*
— *Obtención de tarjeta de embarque.*
— *Entrega de equipajes.*
— *Espera de salida.*
— *Embarque.*
— *Atención en vuelo.*
— *Recogida de equipajes.*
— *Despedida en aeropuerto.*

Después de este proceso secuencial, punto primero del análisis, debemos tomar cada una de las fases y analizar qué servicios elementales es necesario considerar para un servicio completo.

Por ejemplo, para reservar plaza será necesario que el cliente potencial pueda:

1. *Contactar con la empresa: comunicarse.*
2. *Recibir información: horarios, precios, etc.*
3. *Ordenar una reserva.*
4. *Recibir la conformidad.*

Una vez completada esta lista de servicios elementales, nos planteamos las preguntas siguientes:

A. *¿Nuestro concepto exige dar una respuesta a todos ellos?* No es necesario que así sea. De hecho, la falta de respuesta empresarial a determinados servicios elementales es una de las características que pueden diferenciar una oferta empresarial de otra. Por ejemplo, el puente aéreo Barcelona-Madrid no admite reserva de plaza para vuelo específico, salvo para la clase política. Curioso, ¿no?

B. *¿Qué tipo de respuesta vamos a dar?* Esta segunda cuestión nos lleva hacia el diseño de servucción, pues entran en juego aspectos como elementos físicos, personal en contacto y sistema organizativo, así como elementos de la comercialización (por ejemplo, puntos de venta) y de la prestación (por ejemplo, estilo de trato en las excepciones).

Como resultado de esta reflexión estamos en condiciones de clasificar nuestros servicios.

CLASIFICACION DE LA OFERTA DE SERVICIOS: BASICOS Y PERIFERICOS

EN general, toda la oferta de servicios se estructura alrededor del *servicio básico, que es aquel que a los ojos del cliente caracteriza de forma más clara y completa lo que busca.* A su vez, para la empresa caracteriza el negocio en el que está y la competencia directa.

Por ejemplo, el alojamiento en un hotel, la exhibición en un museo, los cursos en una escuela, etc.

Serán entonces *servicios periféricos aquellos que el cliente puede comprar como consecuencia de su presencia en la empresa que tiene el servicio de base y que no podría utilizar si no fuese usuario del servicio base.*

Esto significa que estos servicios tienen su mercado potencial limitado al mercado real de usuarios del servicio de base.

En un hospital, el servicio de radiología tiene su volumen de actividad limitado por el volumen de pacientes hospitalizados, su servicio básico. Salvo que el hospital tuviera servicio de consultas externas.

Existe también lo que se denomina *servicios de base derivados,* que son *servicios periféricos en los que no es necesario ser usuario del servicio de base para poder ser usuario de los mismos.*

Restaurantes y bares en hoteles, librerías de museo y algunas bibliotecas de escuela no imponen como condición de uso, ser usuario de los servicios de base antes citados.

Otro tipo de servicios son los denominados *complementarios,* que son *aquellos que se suman a la oferta* de básicos, periféricos y de base-derivados, *para complementarla y diferenciarla de los competidores.* Estos servicios a medio plazo se convierten normalmente más en un coste añadido que en un incentivo, ya que la copia por parte de los competidores elimina esta diferenciación y efecto de complementariedad.

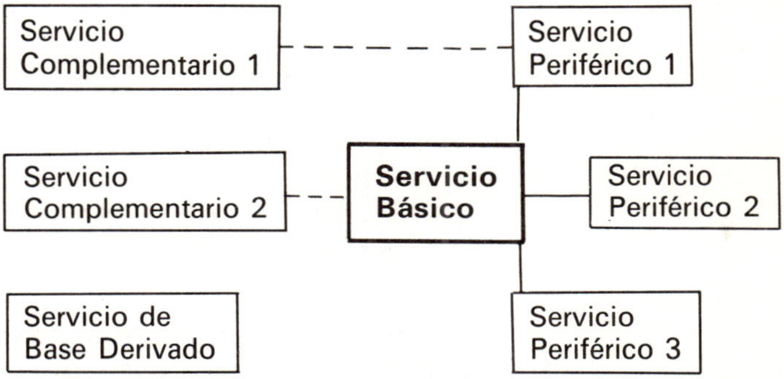

A modo de ejemplo, se presenta el cuadro de una cadena hotelera.

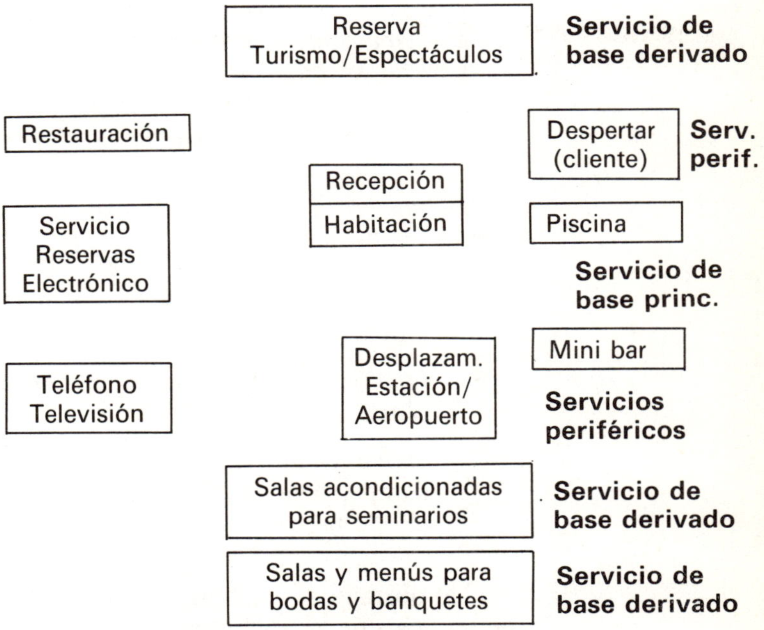

Estructuración de la oferta de servicios

SERVICIOS PERIFERICOS: UTILIZACION Y DISPONIBILIDAD

ASÍ como la prestación o no del servicio básico signfica estar o no en el negocio, la inclusión o no de los servicios periféricos tiene que valorarse en función de otros criterios.

Por ello cada *servicio periférico* tiene que ser analizado en *función de la valoración de su disponibilidad y de su grado de utilización por el cliente.*

El servicio periférico puede ayudarnos a potenciar *la diferenciación de la oferta* de servicios, ya que ésta no sólo está determinada por la servucción del servicio de base, sino por *el volumen y calidad de los servicios periféricos.*

> *Por ejemplo, en los hoteles de alto standing dirigidos al hombre de negocios, uno puede encontrar junto al servicio de base del alojamiento, servicios de secretariado, servicios gimnástico-deportivos, servicio de salones, servicio de restauración, etc., que pueden incrementar en muchos casos la diferenciación de la oferta.*

De hecho, en algunos casos *la capacidad diferencial* aportada por el servicio periférico es capaz de *reconvertir el concepto empresarial.*

> *El Hotel Boix de Martinet de la Cerdanya, ofreciendo un servicio de restaurante de altísima calidad ha cambiado con el tiempo su concepto empresarial. En la actualidad el servicio de base es el restaurante y el alojamiento se ha convertido en un servicio complementario, un descanso de calidad después de una cena excelente.*

El número y evolución de los servicios periféricos está condicionado por:

- *la complejidad* creciente *de la servucción* de la oferta global.
- *la dificultad de comercialización* derivada de la amplitud.
- *el margen de contribución al beneficio global,* ya que la competencia de precios se orienta inicialmente al servicio de base.

No obstante si se analiza la dinámica temporal de la oferta de servicios de los distintos negocios, se observa que hay una tendencia al aumento progresivo de los servicios periféricos.

UTILIDADES: LA DEFINICION DE LA OFERTA POR PARTE DEL CLIENTE

DEFINIDOS los servicios desde el punto de vista de la oferta, se hace imprescindible la definición de los mismos en términos del cliente-usuario.

Los servicios son para el cliente un conjunto de utilidades funcionales, simbólicas y vivenciales.

Son utilidades *funcionales* aquellas que *se obtienen por la finalidad intrínseca a satisfacer por el servicio.* Dormir en el hotel, aumentar el conocimiento en un curso, el lavado del coche, sacar o ingresar dinero en el cajero automático, etc.

Las utilidades *simbólicas* son las *relacionadas con el valor psicológico que para uno mismo tiene el uso, y/o con el valor social que tiene frente a grupos de referencia del usuario.* Dormir en el Georges V de París, cursar un máster en Harvard, poseer una Visa Oro, ser recibido con nombre y apellidos, etc. En general estas utilidades están relacionadas con la política de marcas y la imagen de las mismas en el mercado.

En las utilidades *vivenciales* es donde *el consumidor encuentra el valor de su participación en la producción y consumo del servicio,* experimentando algo que sólo el usuario obtiene, no así el cliente no usuario. El sentimiento de la audición musical, la vivencia de la excursión en la selva, el dominio tecnológico del cajero, etc.

Podemos ver, a la vista de estos ejemplos, que todos los servicios tienen un mix de utilidades, que será necesario definir para verificar si el concepto se ha desarrollado completamente y para facilitar la posterior definición de la comunicación con el mercado, ya que habrá que traducir nuestra oferta de servicios en una oferta de utilidad de la gama de servicios.

5 SERVUCCION

SERVUCCION: PRODUCCION DE SERVICIOS

¿QUE ES SERVUCCION?

Servucción, neologismo desarrollado por P. Eiglier y E. Langeard [5], es la expresión equivalente a *producción de productos, aplicada a los servicios.*

SERVUCCION = SERVicios + prodUCCION

El diseño de la servucción es la estructuración de la capacidad de prestación de servicio al cliente, que posteriormente será llevada a la práctica mediante la prestación propiamente dicha.

Dos son las *premisas* para el diseño de servucción:

1. *Cada servicio elemental* y, como consecuencia, cada uno de los servicios de la oferta empresarial *debe tener su propia servucción.*
2. *Cada público objetivo* necesita un *diseño de servucción especializado.*

A partir de las mismas, el esquema general para el diseño de la Servucción:

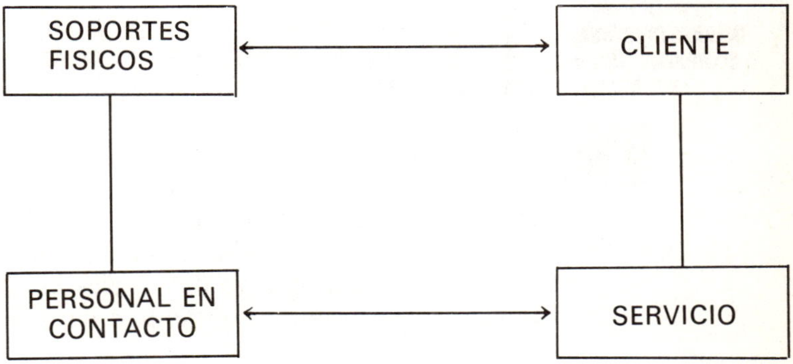

[5] Para un detallado estudio del tema véase *Servucción.* Pierre Eiglier y Eric Langeard. McGraw-Hill, 1989.

Considera la existencia de *tres inputs —soporte físico, personal en contacto y cliente—. Y un output —el Servicio—,* así como las relaciones entre los mismos.

La lógica del diseño está basada en la respuesta a la pregunta: ¿Qué se necesita para producir un servicio?

— Mano de obra: personal en contacto.
— Elementos materiales: soporte físico (entorno, instrumentos, etc.).
— Un beneficiario: el cliente.
— Un sistema organizativo: que los interrelaciona.

Una vez determinada la oferta de servicios hay que abordar el *diseño de capacidad productiva. Dos son los enfoques posibles:*

El artesanal

Basado en la improvisación y la imitación. Tiene una doble complejidad; la de la producción del servicio y la de percepción del mismo por el cliente.

El servuccionado

Basado en la organización sistemática y coherente de todos los elementos físicos y humanos necesarios para la prestación de un servicio de características comerciales y calidad predeterminadas. Facilita la producción y prestación centrando la gestión no habitual en la excepción, que siempre es porcentualmente menor a la gestión normal.

SOPORTE FISICO: INFRAESTRUCTURA, EQUIPAMIENTOS Y PRODUCTOS

HAY que considerar diversos *soportes,* que *pueden ordenarse en función de su dificultad de modificación en el tiempo.* En consecuencia, exigen un análisis temporal diferente para la valoración de su adaptación al mercado actual y futuro.

Los elementos de infraestructura no gestionables por la empresa actúan como *condicionantes fundamentales del proceso de servucción.* La falta de una política infraestructural es una de las causas graves de obsolescencia del producto, que tiene además el coste y dificultad de renovación más alto.

Por ejemplo, la falta de una política urbanística de explotación de las costas está apareciendo como una de las causas fundamentales de la degradación de Maspalomas, Torremolinos, Calella, etc.

A modo de ejemplo ilustrativo de esta importancia, en las encuestas sobre el grado de satisfacción de los turistas que visitan España aparecen como los defectos más importantes de la oferta turística global los siguientes: las carreteras, el nivel de ruidos, higiene-limpieza, falta de seguridad, playas sucias.

¿Cuál es la causa fundamental? Desde mi punto de vista, en los aspectos infraestructurales, tráfico, aeropuertos, parking, etc., la no consideración de que España es un país de 92 millones de usuarios, residentes más visitantes, y la no adecuación de estas infraestructuras a los niveles de alta estacionalidad implícitos en el turismo vacacional, cuando coinciden 50 millones de usuarios.

La gestión del soporte físico controlable por la empresa se estructura entorno a las decisiones siguientes:

1. *Localización espacial y puntos de prestación.*
2. *Valor de la arquitectura.*
3. *Valor de los equipos.*
4. *Valor de los productos a utilizar por el cliente.*

LOCALIZACION: EL ERROR DE CONFUNDIR PRESTACION CON DISTRIBUCION

UNO de los temas que conceptualmente suele trasladarse con un mimetismo irreflexivo del mundo de los bienes de consumo a los servicios es el de distribución, provocando grandes e importantes errores. En servicios, hay que diferenciar claramente *los puntos de prestación* del servicio de los puntos de venta del derecho de uso. Los primeros *son y forman parte de la estructuración del servicio,* mientras que los segundos forman parte de la comercialización. Esta es la razón por la que sostengo que en servicios no debería hablarse de distribución, tal como se habla en el marketing de bienes tangibles, ya que resultan inaplicables y erróneos sus enfoques de distribución.

De acuerdo con esta orientación, las oficinas bancarias no son elementos de distribución de los servicios bancarios, sino los auténticos puntos de prestación de servicio de estas instituciones en el mercado. Por ello su enfoque debe ser prioritario, ya que son los lugares para dar el servicio al público.

Si analizamos las oficinas con este criterio deberemos distinguir claramente dos zonas en las mismas: el mostrador y puntos de atención al público, denominado «front-office», y el resto del espacio dedicado a administración y control, o «back-office». En una situación inmobiliaria en las grandes ciudades, que sitúa el coste de alquiler o compra por metro cuadrado a niveles astronómicos, ¿qué sentido tiene el back-office en las oficinas situadas en estas localizaciones?

El «back-office» analizado por su papel en la prestación de servicio, nos conducirá a una limitación del mismo. Mantener su carácter de trastienda es sólo una consecuencia de un enfoque de distribución asimilado a tiendas de ultramarinos.

La primera decisión conceptual es *la definición de la localización como decisión derivada del concepto.*

Por ejemplo, la candidatura de Barcelona '92 se orientó en base a:

— *que las instalaciones se repartieran en toda la ciudad, evitando crear una zona concentrada y colosal como en Moscú y Montreal, así como la dispersión excesiva de Los Angeles.*

— *que las instalaciones se integraran en la ciudad para así facilitar su uso posterior.*

— *que el conjunto permitiera una vivencia ciudadana de los Juegos.*

Este concepto llevó a la decisión de creación de las áreas olímpicas básicas, situadas en Montjuic, Diagonal, Vall d'Hebró y Poble Nou, en un círculo que rodea la ciudad, con conexiones directas entre las mismas por vías urbanas rápidas y con un área principal en Montjuic, de valor carismático y escenográfico de la ciudad.

La segunda decisión está relacionada con *la dinámica territorial y temporal del crecimiento.*

Partiendo de la base que la empresa tiene definidos concepto y oferta e inicia su actividad con *multilocalizaciones,* éstas pueden ser:

— *Repetitivas:* En las que se reproducen territorialmente Marca (M), Oferta (O) y Servucción (S).

— *Adaptativas:* En las que se reproduce territorialmente la misma marca, adaptándose oferta y servucción al mercado local. M-O'-S'.

— *Diversificadas:* Cuando se definen en cada caso M-O-S específicas.

— *Conglomerados:* Cuando con ofertas y servucciones particulares se adapta una marca paraguas única O^{m}-S^{m}-M.

Cuando estas cuatro estrategias de desarrollo de la multilocalización se intentan hacer coexistir al mismo tiempo, constituyen un conjunto heterogéneo e inconexo de difícil gestión interna y externa.

LOCALIZACION ESPACIAL: ATRACCION O ACERCAMIENTO AL CLIENTE

LOS criterios de base para *la decisión de la localización* son el concepto empresarial del servicio y la definición del público objetivo (en los aspectos relacionados con el dónde se compra y usa el servicio).

Dos son las *situaciones tipo* que podemos encontrar:

— Una localización *capaz de atraer* al usuario que decide, previamente, ir hacia la misma con plena conciencia del coste temporal que para él supone el desplazarse hacia el punto de prestación.

— Una localización *pensada para que el usuario se encuentre con el punto de prestación* en función de sus hábitos de comportamiento y desplazamiento.

Los parques de atracciones, las sedes de macroeventos culturales y deportivos, los aeropuertos y los resorts turísticos son buenos ejemplos de la primera tipología. Mientras que oficinas de cajas de ahorro, peluquerías, etc., lo son de la segunda.

Un enfoque de gran utilidad para la selección de los puntos de prestación es *la valoración de su localización* en base a los esquemas básicos del retailing que consideran el *tamaño del área de influencia y la ubicación específica.*

Por ejemplo, para la valoración de una importante cadena de tiendas de electrodomésticos realizamos, con Lluís Martínez, el siguiente esquema:

	Tamaño población			
Localización	*Metropolitana*	*Urbana*	*Comarcal*	*Local*
Centro comercial población	■	■	■	
Centro comercial barrio	■			
Zona semicomercial				
Zona no comercial				

en función del cual, la empresa decidió concentrar todo su proceso de expansión en las zonas sombreadas del cuadro, mientras que otras cadenas competidoras, basadas en otro concepto, tienen ámbitos de actuación mucho más amplios.

VALOR DE LA ARQUITECTURA: ARTE Y FUNCIONALIDAD

EN momentos en que la arquitectura ha recuperado el protagonismo que le corresponde en la sociedad, superando la fase de dominio de los constructores de ladrillos, es conveniente recordar los dos elementos clave que hay que buscar en el trabajo arquitectónico de la empresa de servicios: la visibilidad y la funcionalidad.

El primero, *la visibilidad,* está relacionado con la *facilidad de aproximación al punto de prestación* y con su *notoriedad diferencial en el ámbito urbanístico*-arquitectónico.

Estudios de todo tipo demuestran que la orientación espacial del usuario se basa en la determinación y memorización de elementos físicos de referencia. Por ello, el edificio de prestación de servicio tiene la posibilidad de servir como elemento de referencia, lo cual puede suceder por su diferencia con el resto, siendo más alto, de otro estilo, etc. Pero debe, a su vez, ser también coherente con el concepto empresarial, aspecto más difícil y olvidado, por la dificultad que supone trasladar un concepto a una forma arquitectónica externa.

Ejemplos de notoriedad de edificio sin coherencia externa con el concepto son los de El Corte Inglés, el edificio principal de La Caixa, edificios centrales de compañías de seguros, etc.

Un buen ejemplo de coherencia con el concepto lo encontramos en el Centre Pompidou de París, un espacio singular para una actividad cultural singular; en los Smithsonians de Washington, un paseo científico-cultural; en el edificio del Centre d'empreses de Noves Tecnologies de Parc Tecnològic del Vallès, un centro para el intercambio tecnológico, o en los Paradores Nacionales de Turismo.

El segundo elemento, *la funcionalidad,* está más relacionado con la utilidad funcional que con la utilidad simbólica que aparece en el primer elemento con un peso específico importante. Este elemento *considera,* por tanto, *el comportamiento del personal en contacto y el del cliente como usuario.*

A veces, uno se encuentra con edificios y locales que potenciando tan sólo el primer elemento de notoriedad diferencial tiene fuertes problemas de funcionalidad para el usuario, como el Quai d'Orsay en París; o para el personal en contacto con el público, como los bunkers bancarios; o para ambos, como la mayoría de las Universidades españolas, o los aviones charter.

VALOR DE LOS EQUIPOS: USUARIOS Y TECNOLOGIA

AUN cuando los servicios tienen mucho de contacto personal, la producción de los mismos en un enfoque de servucción está basada en la potenciación de los equipos destinados a preparar la capacidad de producción y, especialmente, a garantizar un buen nivel de servicio en los puntos de estacionalidad alta.

Podemos distinguir *tres tipos de equipos:*

1. *Los de uso limitado al personal de contacto.*
2. *Los compartidos.*
3. *Los de uso por el cliente.*

A su vez, y de acuerdo con la visibilidad que tienen frente al cliente, podemos clasificarlos en Visibles (por tanto, contribuyentes a la imagen de equipamiento) e *Invisibles.*

Los criterios a considerar en *la definición de los equipos* son:

1. Capacidad potencial de uso.
2. Flexibilidad.
3. Adecuación a sus usuarios.

El límite máximo de la *capacidad potencial de uso* debe ser *definido en función del criterio de calidad de servicio*. Dada la imposibilidad de transformar el exceso de capacidad en stock, la aplicación de las medias estadísticas puede llevar a niveles elevados de insatisfacción, ya que el déficit de capacidad produce colas y tiempos de espera extras.

Este es el indicador fundamental a controlar y un coste vitalicio de pérdida de clientes que no quieren esperar. Por otro lado, una sobredimensión es un coste económico mayor, aunque este diferencial de coste debería ser examinado en términos de imagen de empresa y del servicio.

Las congestiones de tráfico en ciudades y autopistas son un buen ejemplo de esta problemática de capacidad. Teniendo, por definición, una capacidad potencial limitada, no han desarrollado mecanismos de regulación del aforo. ¿Es correcto admitir sin fin todos los vehículos que entran en una autopista de peaje, o es mejor regular su entrada para garantizar un tiempo de desplazamiento preestablecido?

La flexibilidad está mucho más condicionada por la interacción personal en contacto-equipo que por la capacidad potencial de los equipos. Esto significa que *la problemática es más del sistema organizativo de la servucción que de los propios equipos*. Las huelgas de celo son un buen ejemplo de este problema. En general, la falta de legislación laboral adaptada a la flexibilidad temporal de los servicios es el principal problema que gravita sobre las posibilidades reales y técnicas de modificar la capacidad real en el tiempo de acuerdo con la demanda.

La adecuación a los usuarios de los equipos (personal en contacto, y/o clientes) constituye también uno de los puntos problemáticos de su definición. En general, los bienes industriales y de equipo constituyen uno de los sectores más poco orientados al usuario. El concepto de utilidad funcional suele ser entendido sólo en términos de output técnico y no *en términos de funcionamiento cotidiano*.

Por ejemplo, los equipos informáticos, quizá uno de los de más amplia utilización en los servicios, se caracterizan, salvo honrosas excepciones, por el uso de un proceso de razonamiento y lenguaje poco enfocado a la utilidad. Quizá, los llamados manuales de uso son uno de los ejemplos más significativos de cómo no se debe hacer un manual.

También hay que contemplar la necesidad de *adaptar los equipos a los diversos niveles culturales y técnicos* de los usuarios. La orientación al nivel más bajo es la regla de oro a seguir.

Finalmente hay que señalar que el impacto tecnológico está actuando fuertemente en los servicios que tienden a ser cada vez más intensivos en capital, por lo que la estrategia de equipo se convierte en un elemento central de la servucción.

PRODUCTOS A USAR POR EL CLIENTE: FUNCION Y SIMBOLOGIA

MOBILIARIO, utillaje y elementos de uso y representación del servicio constituyen este amplio bloque de productos, soporte de la servucción, que se caracterizan por sus aportaciones a las utilidades funcionales y simbólicas del servicio.

Desde el punto de vista del servicio podemos clasificarlos en cuatro grupos:

— *Los productos del servicio, aquellos que permiten y son imprescindibles para obtener el servicio:* la cama del hotel, la silla del restaurante, la butaca del teatro, etc. En todos ellos los criterios de diseño, ergonomía e información de uso son las decisiones clave.

— *Los elementos administrativos del «derecho de uso», que constituyen los requisitos formales para la prestación del servicio:* talonarios, tarjetas, carnets, etc. En ellos la claridad informativa y el diseño en su aspecto funcional y psicosocial son las cuestiones a considerar.

— *Los elementos propagandísticos, que se ofrecen al cliente para su uso y difusión:* dotaciones, regalos y «gadgets». En ellos su valor comunicacional, como difusión de la marca y del concepto empresarial, deben ser los criterios de su selección.

— *Los elementos de información y promoción «in house», que aportan una información al cliente.* Estos deben considerarse en función de la potenciación de la productividad del espacio y de la accesibilidad de las ubicaciones colaterales.

La iluminación considerada sólo como aporte de luz, y no como medio de lectura para ejecutivos con vista cansada, característica en casi todos ellos por encima de los cuarenta años, es una de las constantes en las lámparas de la mesita de noche de los hoteles.

El diseño anti-cliente de la mayoría de los formularios bancarios ha sido una oportunidad de mercado muy bien explotada por el Banco de Sabadell.

Las múltiples posibilidades del tratamiento de textos están provocando, por una parte, una estandarización impersonal de los documentos de abogados, asesores y servicios profesionales expresados en el papel, junto con una potenciación de la individualización, dentro de un estilo corporativo en otras instituciones.

Un error característico es considerar que lo funcional está reñido con lo simbólico, y viceversa. Vinçon, con Fernando Amat al frente, ha demostrado en este país, mucho antes de que nos invadiera la ola del diseño y la postmodernidad, que ambos conceptos coexisten y pueden coexistir. Si algún defecto podemos heredar del marketing de servicios masivo, basado en el modelo americano, es su orientación hacia el horterismo-funcional, casi siempre amparado en la falta de sentido del gusto. Por eso, aunque suene a sacrilegio empresarial, aborrezco el diseño funcional, eso sí muy funcional, de los puntos de venta de McDonald's y similares. En su adoración e imitación reposan muchos de los problemas de la oferta de restauración turística de este país.

No se considera dentro de este concepto de productos a usar por el cliente, *los productos a través de cuyo consumo el cliente puede vivenciar el servicio,* como lo es la comida de un restaurante o buffet, el coche de la empresa de alquiler, etc. Estos *son elementos tangibles del servicio* de base y por tanto deben plantearse según el proceso de utilidades antes señalado.

PERSONAL EN CONTACTO: LA ORGANIZACION AL REVES

UNA de las características más importantes de los servicios es *el papel preponderante e importante que tiene el personal en contacto con el público en la definición* del output, es decir, *del servicio.*

Por esta razón podemos decir que mientras en una empresa productora de bienes el papel de la parte baja de la organización, casi siempre piramidal, es un papel operacional muy limitado y en muchos casos suplibles por la maquinaria, en los servicios este mismo personal en el escalafón organizativo, es muy importante. Por ello, deberíamos invertir la pirámide organizativa.

Para la definición y diseño de la servucción será necesario *clasificar el personal de la empresa de servicios en función de su relación con el cliente y la visibilidad de la misma* según el esquema siguiente:

RELACION CON EL CLIENTE

VISIBILIDAD	ALTA	BAJA
ESCASA NULA		
ELEVADA		

Tres son los *aspectos clave* que marcan el peso específico de esta clasificación: *la situación en el punto de prestación, las características del servicio y las del usuario.*

La elevada visibilidad y alta relación de los conserjes de hospitales no es consecuencia del diseño del proceso sino de su colocación como pared principal del frontón de la recepción de los mismos. Por el contrario, la generalmente escasa relación del director de las oficinas bancarias con el público es debida más a su ubicación en el «back-office» que al diseño de su papel teórico en el proceso de servucción.

Las características del servicio deberían ser elementos clave para la clasificación del personal de servicios. El papel técnico hace despreciar lo comercial y el contacto con los clientes cuando, de hecho, si no se da el contacto, lo técnico no existe.

Finalmente, las características del usuario determinan también un nivel de relación y visibilidad. En general, a menor nivel de «expertise» en el tema, más necesaria se hace la presencia del personal en contacto, que actúa como conductor del proceso productivo.

PERSONAL: OPERARIO Y FUNCIONARIO

ESTABLECIDA la clasificación del personal, el siguiente aspecto a considerar es el de *la tarea a desarrollar*. Esta *es, en todos los casos, doble.*

Por una parte, el personal en contacto tiene que desarrollar *su papel para que se produzca el servicio,* para lo cual necesita conocer en profundidad el mismo y especialmente el proceso previsto para su consecución. En este sentido debe ser un *operario experto de los equipos y procedimientos del servicio.* Pero, además, por su papel de relación con el cliente debe de conseguir que la intervención del usuario permita que el servicio funcione. Esto significa que deberá educar en el uso a los usuarios nuevos, y deberá *gestionar la excepción,* bien por insatisfacción bien por defecto del sistema de servucción, frente a usuarios expertos.

Este segundo *papel de funcionario («el que hace funcionar»)* convierte al personal en contacto con el público en la vía rápida de investigación del mercado, por su capacidad de detectar los puntos fuertes y débiles del servicio.

Es interesante constatar que en muchos de los problemas que aparecen en los servicios públicos, una de las causas de insatisfacción es la falta de respuesta del personal en contacto con el público, cuando se produce la excepción. Mejor dicho, su respuesta es la no respuesta.

SISTEMA ORGANIZATIVO: PARTICIPACION Y DOMINIO DEL CLIENTE

EL tercer factor en el diseño de la servucción, el sistema organizativo, *está directamente relacionado con el papel* a jugar por parte *del usuario en la producción y consumo del servicio.*

Para el diseño del sistema, el punto de análisis y decisión más importante es el que hace referencia a cómo participará el cliente en el proceso y cómo se producirá el dominio en la relación empresa-cliente.

Tipológicamente pueden plantearse *cuatro situaciones* según que la *participación del cliente* sea *activa o pasiva.* Es decir, dirija o sea dirigido por el proceso. Y que en esta *situación* actúe *en forma dominante o en forma dominada por la empresa.* En el cuadro siguiente se señalan algunos ejemplos de estas tipologías:

DOMINIO \ *PARTICIPACION*	*ACTIVA*	*PASIVA*
DOMINANTE	— *Formación* — *Parque de Atracciones*	— *Hotel de lujo* — *Peluquería*
DOMINADO	— *Cajero automático* — *«Fast Food»*	— *Hospital*

El análisis de estas situaciones nos permite observar que es en la tipología de participación activa-cliente dominado donde se encuentran los servicios de mayor difusión mundial, ya que esta tipología facilita su repetición para un público objetivo educado al respecto.

PARTICIPACION: RELACION CON EL PROCESO DE ADOPCION

LA mayor parte de los análisis de comportamiento del consumidor se han estructurado a partir del modelo de adopción de Ann Arbor, que considera que inicialmente el usuario desconoce la existencia del servicio y mediante una recepción progresiva de información va superando determinadas fases hasta convertirse en usuario del servicio.

DESCONOCER
↓
CONOCER
↓
COMPRENDER
} **FASE DE CONOCIMIENTO**
↓
MOTIVARSE
↓
PREDISPONERSE
} **FASE DE SENTIMIENTO**
↓
COMPRAR
↓
USAR
} **FASE DE ACCION**

El análisis de la participación del usuario tiene una relación con estas fases mediante *tres tipos de participación: intelectual, afectiva y física.* El esquema siguiente marca la relación entre la participación y las fases, y algunos ejemplos de estas relaciones.

TIPOS DE PARTICIPACION	*FASE DEL MODELO*		
	CONOCIMIENTO	*SENTIMIENTO*	*ACCION*
INTELECTUAL	*Estudios de mercado*	*Descodificación de la comunicación*	*Dominio de la tecnología del servicio*
AFECTIVA	*Selección del medio*	*Análisis del «value for money»*	*Pertenencia y recomendación*
FISICA	*Actuación sobre sistemas expertos*	*Aproximación al punto de venta*	*Acciones de Libre-Servicio en la prestación*

En general, los servicios basados en una participación activa y dominada del usuario son los que mejor han estudiado y desarrollado esta triple participación, ya que mediante una servucción controlada totalmente por la empresa han conseguido crear al público objetivo la imagen de sentirse libres para dominar ellos el proceso. En definitiva, el público siente que tiene lo que quiere, pero ejerce esta libertad individual en un contexto de acción totalmente controlado.

Por ejemplo, las cadenas de fast food, McDonald's y Burger King, los cajeros automáticos de la La Caixa, Disneylandia, el servicio de documentación por Tele-Texto, etc.

COMERCIALIZACION DEL SERVICIO: OFERTA DE MERCADO

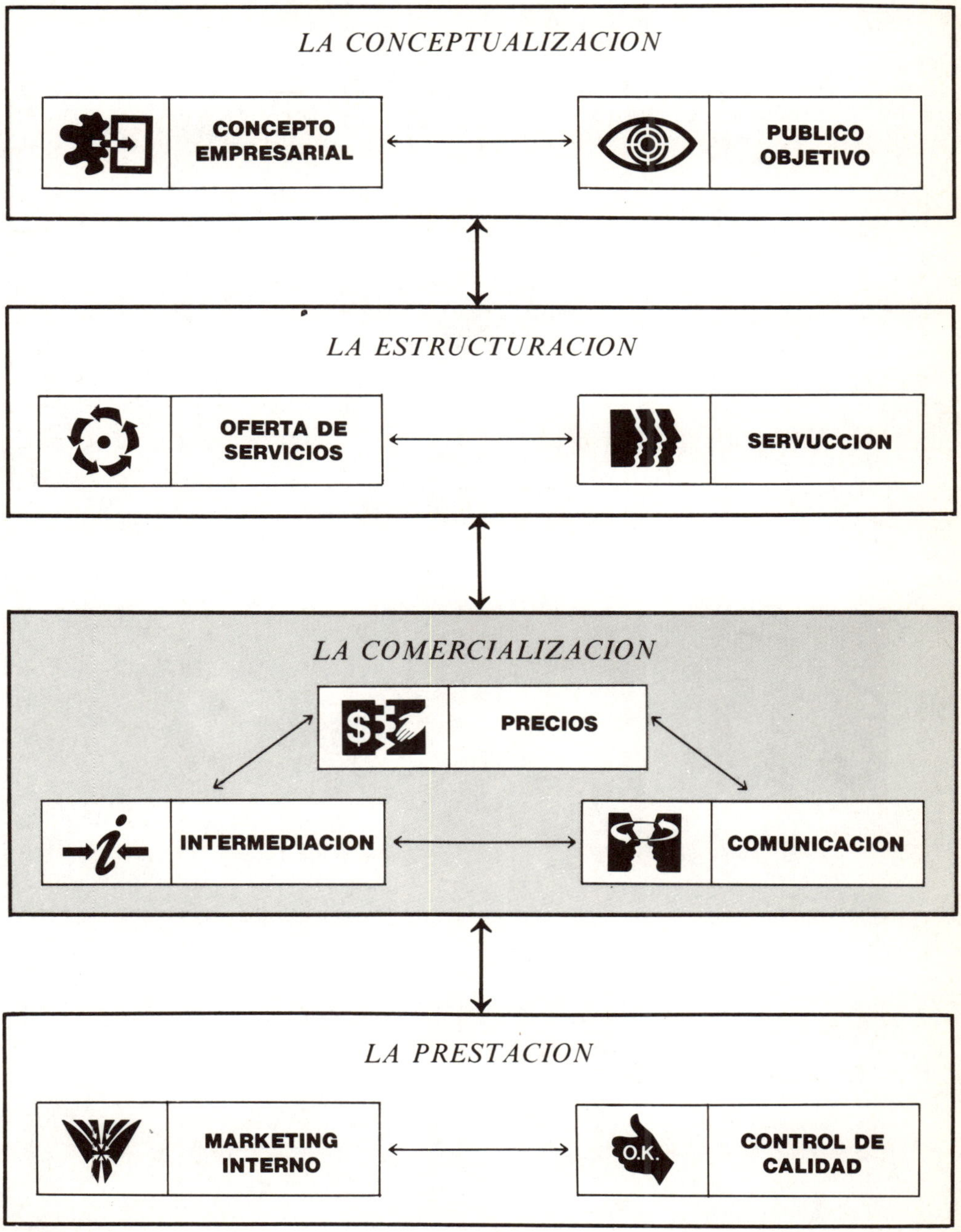

6 *PRECIOS*

EL PRECIO: NO ES DINERO TODO LO QUE CUENTA

YA se ha mencionado en varias ocasiones que el usuario toma sus decisiones en función de su percepción del «value for money» de la oferta de servicios. Una traducción literal del concepto nos señalaría al dinero como el único elemento que limita su adquisición. Aunque esta simplificación es totalmente falsa.

El hecho de que en el momento de la venta y pago del servicio éste sea el elemento visible, hace que en el concepto de *precio* se ponga poca *atención a otros elementos de la valoración* coste-utilidad efectuada por el cliente.

Imaginemos, por ejemplo, qué supondrá para un ciudadano de Madrid la visita a la Expo '92 de Sevilla, realizada en el Tren de Gran Velocidad:

— *Desplazarse de su domicilio a la estación de salida del TGV.*
— *Comprar un billete de ida y vuelta.*
— *Esperar la salida del tren.*
— *Realizar en tren el recorrido Madrid-Sevilla (recinto Expo '92).*
— *Desplazarse de la estación existente en el recinto a la Expo-Exhibición.*
— *Comprar un ticket para visita diurna.*
— *Visitar la Expo-Exhibición.*
— *Opcionalmente, comprar catálogos y recuerdos.*
— *Regresar a la estación de salida.*
— *Esperar la salida del TGV.*
— *Realizar en tren el recorrido Sevilla-Madrid.*
— *Desplazarse de la estación a su domicilio.*

Esto sin considerar los gastos de alimentación y varios por su necesidad cotidiana.
Este conjunto de actividades se pueden reagrupar en:

— *Tiempo de traslado.*
— *Tiempo de compra.*
— *Tiempo de visita a la Expo '92.*
— *Coste del desplazamiento.*
— *Coste de la visita.*

que pueden suponer en este caso:

— *Tiempo de traslado (ida y vuelta): siete horas.*
— *Tiempo de visita (mínima recomendada): seis horas.*
— *Tiempo de compra: despreciable.*
— *Coste del desplazamiento: 1.000 pesetas de taxi, 15.000 pesetas de TGV (supuesto ficticio).*
— *Coste de la visita: 2.000 pesetas (primeras evaluaciones Expo '92).*

A la vista de estos inputs, *podríamos decir que el precio de entrada al recinto es el tema de menor importancia en el análisis perceptual del «value for money» de la visita a este evento único e irrepetible. Por el contrario, la conexión rápida y fácil, el coste de la misma y la creación de expectativas sobre el «value» de la visita serán los elementos clave que permitirán que el potencial visitante se convierta en asistente a la Expo '92.*

Teniendo, por tanto, presente esta visión del «value for money» nos centramos a continuación en el aspecto más económico del mismo, el precio de venta al usuario.

LA POLITICA DE PRECIOS: VENDER POR ENCIMA DE LOS COSTES

LA definición conceptual de *la política de precios* es bien sencilla, *el precio de venta debe ser mayor que los costes.* Pero, como casi siempre, lo sencillo es la síntesis de la complejidad.

Porque para que esto sea realidad deberemos *considerar* una serie de cuestiones:

— *¿Puede venderse al precio fijado? ¿Existe demanda suficiente para el volumen de oferta de servicios disponible?* El sector hotelero español está comprobando recientemente que el mercado británico no tiene suficiente demanda para su volumen de oferta.

— *¿Cuánto por encima de los costes? ¿Qué margen porcentual sobre los costes admite tradicionalmente este mercado?* Buenos productos educativos están señalando en los últimos años una tendencia creciente de sus precios que no corre paralela al incremento de sus costes. ¿Por qué? Porque son únicos y limitados para un colectivo creciente de demandantes.

— *¿Cuáles son los costes?* Si tenemos en cuenta que la producción y consumo de los servicios son simultáneos, el coste real no se conoce hasta haber finalizado la prestación del servicio. Pero razones de comercialización y venta hacen que su precio de venta, e incluso muchas veces su pago, se haya efectuado antes. El análisis continuo y sistemático de los costes ayudará a establecer costes estándar. Pero habrá que aceptar, en muchas ocasiones, un coste real claramente diferenciado del mismo.

— *¿Cómo reaccionará la competencia?* En general, la respuesta competitiva más rápida al marketing de la empresa de servicios es la que se efectúa a través del precio. Conociendo esto, ¿hasta qué punto la empresa está preparada para actuar frente a una guerra de precios, más o menos solapada?

— *¿Está el precio en contra de las limitaciones del entorno general?* El control político de los precios de los servicios públicos puede afectar a los niveles de precios de servicios, competitivos o sustitutivos de los mismos. Por no entrar en temas de precios del transporte público, podemos citar la creciente dificultad a la que se enfrentan los promotores musicales para ofertar recitales, frente a la competencia de los festivales organizados por Ayuntamientos, Diputaciones y otras entidades públicas.

Todas estas razones justifican la dificultad práctica de desarrollo de esta sencilla política de precios.

LA COMPLEJIDAD: CADA OFERTA DE SERVICIO, UNA OFERTA DE PRECIO

YA hemos visto que la oferta de servicios incluye un conjunto de servicios básicos, periféricos y complementarios que se combinan o pueden combinarse en forma diferente dado que el usuario puede no ser consumidor de todos ellos. Esto permite que el *precio pueda ser fijado en forma variable,* teniendo en cuenta los siguientes aspectos:

— *Variaciones en el mix de servicios.* Estas variaciones pueden plantearse en la cantidad y en la calidad de los servicios. Quizá el ejemplo más clásico en cantidad sea el de las tarifas de hoteles: sólo habitación, habitación y desayuno, media pensión y pensión completa. Las variaciones en calidad aparecen como resultado de haber definido paquetes de servicio estandarizados, con distintos componentes de servicios periféricos, o bien mediante diferentes servucciones de la misma oferta. En el primer caso, podemos encontrar las estancias hoteleras en Servicio Real, o Planta Ejecutivos, etc., y en habitación normal en las cadenas hoteleras más importantes. Mientras que en el segundo podría señalarse la división en primera clase, business y turista, tan típica de los vuelos internacionales.

— *Temporada*. La estacionalidad que caracteriza el consumo de prácticamente todos los servicios, unida a la imposibilidad de su regulación por el stock de producto, determina la existencia de las llamadas temporadas alta, media y baja. Turismo, transporte, etc., son buenos ejemplos de esta aplicación.

— *Tipo de cliente*. La existencia de comportamientos diferenciados entre grupos de clientes permite establecer precios en función de este criterio para servicios públicos como el transporte, para espectáculos como el cine y el teatro, etc.

— *Forma de ejercer el derecho de uso*. Propio de servicios deportivos y culturales. El usuario decide convertirse en socio abonado en determinadas circunstancias contractuales. Por ejemplo, el socio del club de fútbol tiene el derecho de asistir a los partidos y su localidad no puede ser utilizada. Por el contrario, en el transporte aéreo la reserva de plaza pierde su valor si no es utilizada mediante la obtención de la tarjeta de embarque unos minutos antes. O el socio de un club de golf tiene el derecho a jugar, pero su salida al campo está supeditada a la ocupación del mismo y a la lista de salidas diarias. Todo ello permite establecer precios diferentes para cada una de las figuras de derecho de uso y en función de su momento de uso.

Esta gran diversidad de precios existente en la empresa de servicios exige *orientar el esfuerzo de definición* de los mismos *a partir del* llamado *precio base o precio de referencia,* actuando el resto de las definiciones de la oferta de precios *en forma de descuentos o extras sobre el mismo*. Pero eso es sólo una expresión formal, quizá más fácil. También es un reflejo de una *gestión* más *artesanal* y menos estructurada del servicio. De hecho, cuando están *bien estructuradas las diferentes ofertas, su precio es único* y no el resultado de una referencia más o menos precisa.

DEFINICION DEL PRECIO: NO AL CORPORATIVISMO

EXISTEN servicios en los que el cliente define total o parcialmente el servicio a realizar, en base a necesidades específicas muy diferenciadas. Este es el caso de los servicios profesionales de abogados, ingenieros, arquitectos, publicitarios, etc., en los llamados servicios a medida del cliente.

En estos casos, la dificultad de evaluación previa de los «inputs» a aportar y de los «outputs» a obtener por el cliente ha desarrollado una *tradición de fijación de precios en base a honorarios recomendados por el colegio profesional,* mayoritariamente porcentuales sobre el volumen de actividad de la empresa o del proyecto.

Esta tradición corporativa tiende a ser sustituida por un honorario profesional fijo y negociable con el cliente a través del establecimiento de un presupuesto. Es decir, un supuesto previo que incluye al mismo tiempo la definición conceptual y estructural de la oferta de servicios.

La revolución en el mercado de agencias de publicidad españolas, provocada por la aparición en la misma de MMLB, significó un cambio importante del enfoque tradicional hacia enfoques más profesionales. No obstante, la tendencia a largo plazo en este sector nos muestra que se ha vuelto a estructurar corporativamente el procedimiento, ya que el honorario tiende a ser el 10 por 100 del presupuesto publicitario, quizá tan sólo con la corrección que supone la introducción de un honorario fijo inicial, que grava más fuertemente los clientes más pequeños.

Ello es consecuencia de la tendencia de reducción de la tensión, inherente a todo proceso de negociación, que caracteriza el comportamiento humano. No obstante, *esta sistemática* de fijación de precios *posibilita nuevos desarrollos conceptuales de empresa que evolucionen a través de este elemento.*

COBRAR: ANTES O DESPUES

UN hecho diferencial de algunos servicios es el momento de pago del precio, que puede ser previo o posterior al consumo del mismo. El otro elemento a considerar es si el pago corresponde a un derecho de uso del servicio, por ejemplo, ticket de entrada, o al servicio usado realmente.

Pueden, pues, plantearse *cuatro situaciones tipo:*

— *Una previa, el cliente paga por el derecho de uso.*
— *Una final, el cliente paga después del uso.*
— *Una de pago previo al uso en el lugar de uso.*

— *Una mixta, el cliente paga previamente una oferta de servicios básicos y periféricos preestructurada y a posteriori los servicios periféricos complementarios usados.*

A modo de ejemplo, encontraremos en el sector de restauración los cuatro tipos de formas de cobro. De pago previo son los «tickets restaurante» que ofrece General de Restaurantes a empresas para la comida de sus empleados. Los restaurantes a la carta corresponden al tipo de pago después del uso. La comida en un restaurante self-service corresponde al tipo de pago previo en el lugar del uso y los buffet-restaurante corresponden al sistema mixto.

La decisión de cobro está fuertemente relacionada con la claridad perceptual del precio. Esta es fuerte en el pago previo al uso del servicio. Es la reafirmación del «value for money» y del control de calidad cuando se hace después del uso. Y se convierte en un elemento más difícilmente relacionable con el servicio obtenido cuando es previo y en forma de derechos de uso.

Por ejemplo, el servicio cheques-gasolina provoca un desconocimiento real del precio del carburante. Quizá, más significativo, es el ejemplo de los viajes turísticos organizados en los que tras una compra del derecho de uso realizada con varios meses de anticipación, el turista individual cuando convive con el mismo, meses después en la prestación del servicio, suele olvidar el coste y compararse con los restantes clientes. Por ello, existe una tendencia hacia el desarrollo de sistemas informativos «in situ» que recuerden al cliente el precio pagado y, en consecuencia, adecúe sus expectativas.

PRECIOS ANZUELO: EL PESCADOR PESCADO

YA hemos señalado anteriormente la posibilidad de estructurar paquetes cerrados de servicio, con un servicio básico y unos pocos servicios periféricos asociados, seleccionados entre la amplia oferta de servicios.

A su vez, el estudio de los hábitos de comportamiento con respecto a la gama completa de servicios puede mostrar que este paquete de servicios está en muchos casos por debajo del consumo mínimo real.

Esta situación permite llevar a cabo una estrategia de *precios anzuelo* consistente en el establecimiento de un *precio muy atractivo para el paquete de servicios mínimo, y un precio con mayor tasa de rentabilidad para los servicios periféricos no incluidos en el mismo.*

En este caso, el precio del paquete actúa como anzuelo o señuelo frente al cliente potencial, que cree comprar una ganga o un «value for money» muy favorable, mientras que en un comportamiento real posterior usará no sólo el paquete, sino también un número de servicios periféricos.

El problema de la estrategia de precios anzuelo es que *su carácter de agresividad comercial,* que lo tiene implícito, *se pierde cuando es efectuado por toda la competencia y especialmente por el aprendizaje que* sobre el precio total *tiene el usuario repetitivo.* Esto provoca, por ejemplo, la disminución del volumen de facturación de postres, cafés y licores en el restaurante, y la autolimitación del consumo del visitante turístico y lúdico. En este sentido los estudios más recientes sobre las causas del estancamiento del número de turistas señalan, entre otros, el incremento desproporcionado entre el gasto real y el pagado previamente por el efecto del nivel de precios, en localidades turísticas, de bocadillos, bebidas, comidas y entretenimiento.

PRECIOS Y FUTURO: ¡BAJANDO!

ESTUDIOS internacionales realizados sobre la evolución de los precios de servicios en pesetas constantes señalan la casi unánime tendencia a la baja. Es decir, *el precio de los servicios del futuro será inferior al actual.*

Este reto importantísimo para la gestión de los precios y, en general, de toda la empresa, supone que la posible caída del margen sólo puede salvarse por una potenciación continua y constante de la productividad y por la innovación.

La productividad de los servicios está directamente relacionada con la servucción de la oferta actual a través de la mejora en el sistema organizativo, la incorporación de nuevas tecnologías en el soporte físico y la sustitución parcial del trabajo del personal en contacto por la participación, bajo el régimen de auto-servicio, del cliente. Esto exige el *establecimiento de un proceso sistemático de revisión de la servucción* y la prestación, lo que algunos autores denominan «Auditoría del servicio».

La innovación, entendida como lanzamiento al mercado de nuevos servicios que sustituyendo a los existentes ofrezcan más utilidades al usuario, *está fuertemente condicionada por la capacidad creativa de la empresa.* Su potenciación y estímulo, especialmente a través del personal en contacto, es otra de las vías de respuesta a esta amenaza del entorno competitivo. Esta innovación puede proceder también de la explotación de las economías de escala y curvas de experiencia derivadas de la mayor dimensión. Esta vocación expansiva de la dimensión empresarial caracteriza, en general, por su inexistencia a buena parte del empresariado español de servicios. De ahí mi relativo pesimismo sobre el desarrollo futuro de muchas empresas de servicios.

7 *INTERMEDIACION*

DISTRIBUCION: ¿EXISTE EN LOS SERVICIOS?

UNA de las cuestiones más debatidas en los foros conceptuales es la que trata sobre la existencia o no de un canal de distribución de servicios. Desde mi punto de vista *no existe un canal de distribución*. Si aceptamos la definición de canal de distribución —«la secuencia de empresas involucradas en desplazar un bien del producto al consumidor»— nos encontramos con que *en los servicios, a causa de su intangibilidad y de la inseparabilidad entre producción y consumo, no hay posibilidad real de desplazamiento.*

Si por otra parte consideramos los flujos que se producen en el canal de distribución —Físico del Producto, Jurídico de Propiedad, Económico de Pago, Comercial de Información y Promoción— vemos que no existe flujo físico, ni se transfiere la propiedad del servicio, ya que éstos no se poseen, sino que tan sólo se usan. *Los únicos flujos que pueden discurrir son el derecho de uso del servicio, el pago de los mismos y los aspectos de información y promoción.*

Ambos enfoques nos dan la respuesta a la cuestión. *No existe un canal de distribución. Sólo el canal de ventas.* Su diseño y estructuración deberemos relacionarlo con la estrategia general de ventas, más que con los modelos de canal de distribución de bienes tangibles.

ESTRATEGIA DE CANAL: ¿DIRECTO O INTERMEDIARIOS?

LA primera cuestión a plantearse para abordar esta decisión está relacionada con las *posibilidades* que tiene la oferta de servicios *de admitir un intermediario* entre empresa y cliente potencial:

— *¿Es posible pensar en desarrollar «derechos de uso» del servicio?* Aunque teóricamente esto no sea posible para todos los servicios, en muchos de ellos no se ha planteado —en el sistema organizativo— la introducción de esta condición. Por ejemplo, en servicios de peluquería, reparación de vehículos, bufetes de abogados, auditores, consultores, etc. Es decir, en aquellos servicios donde el cliente tiene una parte activa importante son inexistentes. O, si existen, lo son para algunas ofertas de servicio de carácter preestablecido y estandarizado.

— En segundo lugar, si es posible el derecho de uso, *¿tiene sentido que este derecho de uso se pueda pagar previamente, y no en el punto de servicio?* Por ejemplo, en la actualidad al no aceptar los cines, en su mayoría, las reservas de asiento, no es posible la venta de entradas para determinadas sesiones como lo es en otros países, ya que no existe la garantía de encontrar butaca para esta sesión.

— Tercera cuestión: *¿En qué mejora la comercialización del servicio?* La evidente ganancia de amplitud geográfica de mercado puede hacer perder el control sobre lo que se vende y cómo se vende. Existen, por ejemplo, ofertas turísticas realizadas por tour-operadores que por necesidades de los mismos se dirigen hacia públicos incompatibles con los habituales del hotel o realizadas a precios que provocan la queja del cliente directo habitual.

Por todas estas razones podemos observar que en el mundo de los servicios predominan los canales directos y propios y su sucedáneo más próximo, la franquicia comercial, donde la empresa madre controla fuertemente el qué y el cómo de la comercialización.

LOS ACTUALES DISTRIBUIDORES: AGENTES DE VENTA, PUNTOS DE PRESTACION O CREADORES DE OFERTA

NO puede olvidarse el hecho real de la *existencia de lo que en lenguaje cotidiano denominamos distribuidores*. Pero es conveniente analizar qué son y qué hacen estos llamados distribuidores.

En el mundo bancario se suele llamar canal de distribución a la red propia de puntos de prestación: las oficinas o los distribuidores automáticos de billetes que son, de hecho, puntos de prestación automatizados, propios o compartidos por varias instituciones bajo un sistema de franquicias.

El llamado intermediario financiero es casi siempre un creador de oferta por mezcla de una o varias ofertas de productos y servicios que configuran un paquete a medida del cliente.

En el mundo turístico, el tour-operador es un creador de oferta estructurada a partir de otras existentes (hoteles, transportes, guías, etc.). No es un intermediario, ya que la oferta la crea y diseña él. Por el contrario, las agencias de viaje sí que son intermediarios de la venta de «derechos de uso», y por su tarea reciben una comisión de ventas, actuando por tanto como agentes externos a la empresa, sin correr ningún riesgo.

	Intermediarios Agente venta	**Creador oferta**	**Puntos de prestación**
SECTOR TURISTICO	Agencia de viajes minorista	Tour operador	Hoteles, restaurantes, playas, etcétera
SECTOR BANCARIO	Representantes Brokers	Equipo comercial	Oficinas al público Cajeros automáticos

En consecuencia, *al analizar la realidad actual* para evaluar el interés o no de optar por la llamada distribución, será siempre muy conveniente el *abordarla a partir del análisis de las funciones que realizan en la conceptualización, estructuración, comercialización y prestación del servicio.*

NUEVAS TECNOLOGIAS: EL CANAL DE VENTA AL CONSUMIDOR INTELIGENTE

TOMANDO en consideración que la función básica de intermediación externa a la empresa es la venta del derecho de uso, *las nuevas tecnologías nos ofrecen la alternativa denominada «computación».* Es decir, la integración tecnológica de la información (vídeo, teletexto, etc.) con la informática (sistemas expertos, tiempo real, etc.).

No es tan difícil pensar que un cliente potencial instalado cómodamente en el sofá de su casa de Munich pueda acceder a un sistema experto en el que especificando fechas, intereses y nivel de precios pueda recibir información en vídeo de sus posibilidades de destino turístico, seleccione la más interesante, contrate su estancia y cargue el coste de la misma a su tarjeta de crédito, débito o cuenta corriente. ¿Qué papel tiene entonces la agencia de viajes actual?

Si se dispone de teléfono, ordenador y televisor es posible pasar años sin necesidad de desplazarse a la oficina bancaria. ¿Qué papel tiene entonces la oficina actual?

El impresionante desarrollo de Minitel en Francia es una demostración de la capacidad de venta directa al consumidor inteligente, Minitel no es un intermediario. Es, sobre todo, un canal de comunicación directa con el mercado.

Por todo ello, creo que, cada vez más, *las funciones de venta a través de intermediarios, que no aporten un valor añadido* extra al servicio, *van a tender* como en el consumo *hacia el autoservicio,* en este caso con el apoyo y ayuda de las nuevas tecnologías de comunicación directa.

PUNTO DE VENTA: APRENDER DEL RETAILING

SI fundamentalmente el canal de distribución es un punto de venta al público de los derechos de uso del servicio, será conveniente analizar cómo aprovechar la tecnología de ventas desarrollada por los puntos de venta de bienes, estructurada alrededor del «retailing».

Tres son *las funciones básicas* a desarrollar en el punto de venta: *Promoción, Información y Venta* propiamente dicha.

Para ello se debe *organizar el punto de venta* de manera tal que permita realizar estas funciones. Habrá que considerar que hay que conseguir:

En promoción:

— *Atraer al cliente hacia el punto de venta.*
— *Motivar hacia la compra del producto.*
— *Interesar hacia la oferta.*

En información:

— *Presentar la oferta disponible.*
— *Aportar documentación sobre la misma.*

En venta:

— *Responder a las expectativas individuales del cliente.*
— *Realizar la venta.*
— *Llevar a cabo las tareas administrativas y de cobro derivadas.*

Esta concepción permite establecer la necesidad de repartir el espacio del punto de venta en *cuatro zonas* específicas de:

1) *Atracción exterior*
Identidad corporativa, publicidad (exterior y rótulo).

2) *Atracción interior*
Utilidad del producto (escaparate).
Oferta del producto (lineal).

3) *Atención al público*
Autoservicio (expendedor automático).

Consulta personal (mostrador, mesa de ventas).
Cobro y entrega (caja, ventanilla).

4) *Administración*
Documentación.
Archivo.

Las tres primeras zonas constituyen el denominado «front office» y la cuarta el «back office». De hecho la intangibilidad del servicio permite limitar el espacio dedicado a la zona 4, con lo que el punto de venta de servicios se convierte en un «front office» casi al 100 por 100.

En general puede observarse que los puntos de venta actuales no están adaptados a los modernos conceptos del «retailing». Por ejemplo, un análisis de las agencias de viaje nos muestra que, en muchos casos, el espacio dedicado al «back office» supera al del «front office», que queda limitado al escaparate y una mesa mostrador.

EQUIPOS DE VENTA: TODOS VENDEN EN LA EMPRESA

UNO de los hechos que caracteriza a las empresas de servicios es el elevado nivel de contacto con el público que tiene todo el equipo humano de las mismas. Quizá sea conveniente preguntarse: *¿Cuánto personal de la empresa tiene contacto, visible o invisible, con los clientes?* En muchas encontraremos que el 100 por 100. Y en todos los casos más del 80 por 100.

Como consecuencia del contacto se produce un intercambio de información entre el cliente y el personal, en el cual se efectúan actividades relacionadas con la venta de servicios —informar, sugerir, motivar— o con el uso de los mismos —funcionamiento, adecuación—, que pueden transformarse en una venta de servicios o en una mejora de la satisfacción, la base de la postventa.

Ya hemos dicho anteriormente que el mantenimiento de los clientes actuales es la base de toda política de ventas. Por ello, *el papel de la venta continua a los clientes satisfechos debe ser la principal tarea de toda la organización.*

¿Cuál es entonces el problema? En general existe la conciencia de atribuir a la función vendedora un papel secundario, próximo al charlatán moderno, y falto de valor técnico. Pero una observación detallada del tiempo directivo nos muestra que la labor de venta (a clientes importantes, a instituciones públicas, a entidades financieras, etc.) ocupa un porcentaje importante del mismo. La capacidad de venta de la alta dirección es un buen indicador del éxito empresarial. Tan sólo falta convencerse de su importancia y preparar técnicamente a la organización. Porque *la venta también tiene su técnica*. Por tanto, *exige formación específica*. Y éste es el gran ausente de los programas de formación interna. En definitiva, el reto formativo.

VENDER SERVICIOS: UNA GUIA PRACTICA

JOHNSON, en el clásico *Handbook of Modern Marketing* publicado por la editorial McGraw-Hill en 1970, señala seis *pautas de actuación empresarial* para la venta de servicios:

1. *Desarrollar buenas relaciones entre el personal y los clientes*
   Muchas empresas hablan de atención personal al cliente, pero el llevarlo a la práctica no es fácil ni barato. Un programa mal hecho puede poner en peligro la productividad ganada por la servucción, convirtiendo de nuevo la gestión en una actuación artesanal.

2. *Adoptar una orientación profesional*
   Vender servicios exige ser competente en estos servicios. Una clara y detallada explicación de los mismos contribuirá a que las expectativas creadas en la venta se correspondan con la realidad posterior. Es fácil vender. Si no hay garantía de cumplir posteriormente esta facilidad, es la tumba de la empresa de servicios.

3. *Usar la venta indirecta*
   Aprovechando las demandas derivadas (por ejemplo, atractivos ciudadanos en la venta del hotel), usando referencias, testimonios y líderes de opinión (especialmente en servicios relacionados con la asistencia, consejo, asesoramiento). O mediante la venta de uno mismo (en actuaciones de prestigio dentro del entorno profesional).

4. *Construir y mantener una imagen positiva*
   La imagen —lo que el mercado entiende que una empresa es, no lo que es en realidad— es la representación mental de nuestra empresa y, en consecuencia, el elemento de referencia en la toma de decisiones de los clientes. A su vez es también la fuente de recomendación.

5. *Vender servicios no servicio*
   Concretar la oferta de servicios es lo que pide el cliente. No prometa algo inconcreto en el servicio. Este es el resultado de la actuación, no lo que el cliente compra.

6. *Hacer la compra fácil*
   Hay que desarrollar un modelo de referencia que facilite todo el proceso de compra-venta de los derechos de uso o del uso del servicio.

Todo ello sin olvidar que los principios y técnicas de venta son también aplicables a los servicios.

8 COMUNICACION

COMUNICACION: DIALOGO, NO MONOLOGO

«COMUNICAR: Transmitir, hacer conocer algo a alguien.» La primera y fundamental cuestión al abordar el diseño de la estrategia de comunicación está relacionada con el sentido que debe tener ésta. Puede entenderse la comunicación como la emisión de información sobre la empresa y su oferta de servicios o como un proceso en dos direcciones en el que la empresa emite y el mercado recibe. Y, en consecuencia, la empresa averigua que ha pasado en el receptor, antes, durante y después de la emisión.

Aunque teóricamente hay un acuerdo sobre *el sentido bidireccional de la estrategia de comunicación,* en la práctica encontramos que las empresas e instituciones de servicios actúan tan sólo como emisores. Si analizamos, por ejemplo, el esfuerzo dedicado a los estudios de mercado sobre eficacia publicitaria, es frecuente encontrar instituciones y empresas que no dedican sistemáticamente esfuerzo alguno hacia este tema.

En definitiva, esto refleja una actuación «voceadora» de las supuestas maravillas de la oferta de servicios y una gestión «opinática y caprichosa» del gasto dedicado a este tema.

El estilo «bando de obligado cumplimiento» que ha caracterizado históricamente la comunicación pública y su sinónimo en la empresa privada con el «muestrario de ofertas», son las formas reales que se encuentran en buena parte de la comunicación.

A su vez, *la falta de cohesión y coherencia* entre las distintas actuaciones *contribuye a convertir el llamado mix de comunicación en un caos informativo y presupuestario.* Muchos directivos son conscientes de este caos, pero la falta de un esquema claro de análisis y toma de decisiones y una buena dosis de narcisismo personal e institucional dificulta una revisión y actualización de la comunicación.

Muchos y variados son los enfoques a adoptar para la toma de decisiones de comunicación. Pero la mayoría de ellos se caracterizan por ser demasiado específicos y poco globales.

En este campo he tenido la oportunidad de estar en todas las partes de la mesa: en la del directivo responsable, en la de la empresa ejecutora, en la del estudioso del tema y en la del asesoramiento. Quizá por ello he mantenido siempre una preocupación por mejorar la sistemática de la toma de decisiones, lo cual ha permitido desarrollar, probar y aplicar un modelo de gestión comunicacional.

PARA EMPEZAR: TODO HABLA EN UNA EMPRESA DE SERVICIOS

ANTES he mencionado *el concepto de «mix de comunicación».* Esta expresión recoge de los conceptos clásicos la expresión «comunicación» como transmisión de información y «mix» como mezcla o conjunto de canales a través de los cuales se produce esta transmisión.

Si analizamos, en primer lugar, *los canales de comunicación* podemos clasificarlos en *personales o no personales, en función de que sean o no personas las que transmitan la información.* ¿Por qué es importante esta clasificación? Porque cuando es efectuada por personas existe la posibilidad de convertir el monólogo en diálogo, ajustando lo que decimos a lo que el receptor pide o entiende. Un segundo criterio de clasificación hace referencia al *lugar en donde se produce.* Pueden establecerse dos tipos: *internos y externos a la empresa de servicios,* ya que hemos visto que es necesaria la presencia del usuario en el punto de prestación para que pueda realizarse el servicio. Ello hace que la comunicación en los puntos de prestación adquiera, especialmente para los aspectos relacionados con el uso, un carácter primordial.

De acuerdo con estos dos criterios podemos clasificar todo el mix de comunicación de la empresa de servicios.

EL MIX DE COMUNICACION DE LA EMPRESA DE SERVICIOS

		CANAL DE COMUNICACION	
		PERSONAL	*NO PERSONAL*
PUNTO DE COMUNICACION	*INTERNO*	• *Personal en contacto* • *Clientes*	• *Publicidad punto de venta* • *Promoción «in house»* • *Señalización*
	EXTERNO	• *Fuerza de ventas* • *Demostraciones* • *Presentaciones*	• *Señalización* • *Publicidad* • *Publicidad directa* • *Publicaciones* • *Identidad corporativa* • *Edificios*

Existen, no obstante, *actividades de comunicación,* como por ejemplo la asistencia a ferias, las relaciones públicas, el sponsoring o el patrocinio, *que deben ser abordadas como un canal mixto que integra varios tipos de comunicación.*

Una observación detallada de todos los canales nos permite señalar que *el volumen de actividad comunicacional en la empresa de servicios es muy superior* al de la empresa de bienes tangibles, constituyendo por tanto uno de los elementos clave de su gestión, en el que la capacidad técnica y la coherencia serán las variables clave.

LA TOMA DE DECISIONES DE COMUNICACION: EL MODELO MARKETING SYSTEMS

COMBINANDO la experiencia adquirida en la docencia de los cursos de Comunicaciones masivas y de Marketing de servicios en Esade, con la definición y desarrollo de programas integrales de comunicación o promoción, hemos preparado en Marketing Systems *un modelo aplicable tanto a la formulación de Planes integrales de comunicación como a la auditoría de la comunicación existente.* A su vez, su aplicación a temas como la promoción turística de España, la candidatura de Barcelona '92, el Parc Tecnològic del Vallès, Expo '92, etc., ha permitido ir mejorándolo y demostrando su validez práctica.

El modelo se estructura en un proceso secuencial de ida y vuelta (cada vez que se termina una fase se revisa su coherencia con la anterior) en cuatro fases:

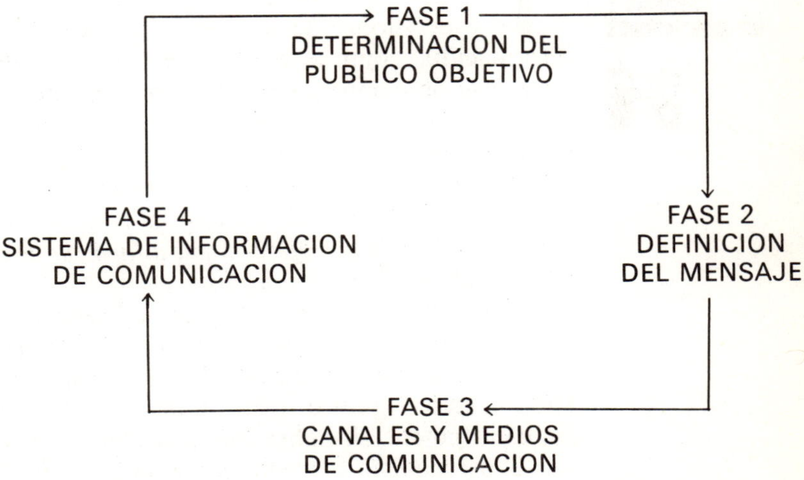

El objetivo de cada una de las fases define el contenido de los análisis y decisiones a efectuar en cada una.

	OBJETIVOS
FASE 1	*¿A QUIEN COMUNICAR?*
FASE 2	*¿QUE COMUNICAR Y QUIEN COMUNICA?*
FASE 3	*¿DONDE COMUNICAR?*
FASE 4	*¿QUE HAY QUE CORREGIR?*

Es evidente que la definición total de la estrategia de comunicación nos obliga a dar respuesta a otras cuestiones: *cuánto, cuándo y cómo comunicar*. El modelo da también respuesta a las dos primeras cuestiones como *consecuencia del análisis conjunto* de las fases 1, 3 y 4.

El «cómo comunicar», en cambio, será *la aportación* posterior que efectuarán *los creativos de los distintos medios de comunicación* a partir de los «inputs» que les aporta el modelo.

A continuación se expone este modelo de actuación. Definido en la fase de conceptualización del servicio el público objetivo, en la primera fase de la estrategia de comunicación nos centramos en tres aspectos del mismo: sus hábitos de información, su nivel de involucración con el servicio y su modelo de respuesta.

PROCESO COGNOSCITIVO: USUARIOS E INFLUENCIADORES

YA hemos señalado al hablar del mercado potencial que un análisis de gran ayuda para la toma de decisiones de segmentación es el de los hábitos de información, compra y uso. *En esta fase de diseño de la estrategia* de comunicación volvemos a retomar este análisis *buscando para el público objetivo general de marketing* posibles subdivisiones o *subsegmentos, en razón de los hábitos de información diferentes. A su vez ampliamos el público objetivo* del servicio *incorporando* como público objetivo de la comunicación *a aquellos que ejercen una influencia directa o indirecta en sus hábitos de información.*

Todos los estudios sobre la influencia en la toma de decisiones de servicios nos señalan que *la experiencia propia y la recomendación son los canales de comunicación más importantes.* Esto significa que, junto al público objetivo del mercado potencial, habrá que considerar a los clientes. A su vez, el personal en contacto con el público del canal de ventas será también un público objetivo de la estrategia de comunicación, ya que su capacidad de influencia sobre el cliente es muy importante.

Por ello, podemos decir que los públicos objetivo de la comunicación configuran un colectivo de mayor dimensión que el público objetivo general del programa de marketing, que son sólo usuarios potenciales y actuales del servicio.

INVOLUCRACION: TIPOLOGIAS DEL CONOCIMIENTO

De acuerdo con los esquemas clásicos, ya mencionados, del modelo de adopción pueden considerarse *cuatro situaciones generales: Conocer, Sentir, No Actuar y Actuar,* que reflejan *niveles* diferentes *de involucración* con el servicio.

De los diversos análisis realizados hasta el presente hemos encontrado 16 situaciones tipo que reflejan un punto de partida diferente en el receptor y que, en consecuencia, obligarán a modificar el contenido de la comunicación o mensaje. Constituye por tanto lo que denominamos «Tipologías de conocimiento».

Situación general	**Tipología del conocimiento**	
Conocer	Desconocedores	— No conocen el servicio
	No comprensión	— No entienden el servicio
Sentir	Antis	— Actitud en contra
	No motivados	— No les interesa el servicio
	Indiferentes	— No tienen necesidad latente
	Sustitutos	— Prefieren otros sustitutivos
	Idealistas	— Le encuentran a faltar algo
No actuar	Inactivos	— No les interesa la oferta de servicios en general
	Pasivos	— No a este servicio en concreto
	Desatendidos	— No por defecto de comercialización
	Insatisfechos	— No por experiencia anterior
Actuar	Conformistas	— Sí, pero menos, ya que es un mal menor
	Satisfechos	— Sí, cualquiera, se apuntan a todo
	Mayoritarios	— Sí, como todos
	Contras	— Sí, a mi manera, al revés que todo el mundo
	Adictos	— Sí, nuestro servicio es el mejor

La subdivisión de los diferentes públicos objetivo *en estas tipologías nos está orientando fuertemente hacia el contenido comunicacional.* De hecho, con esta clasificación podremos establecer objetivos generales de la comunicación y, muy especialmente, sus prioridades. Muchas veces no será posible diferenciar en la práctica la comunicación dirigida a los desconocedores de la dirigida a los adictos. Pero *la cuestión fundamental en la estrategia será la de dar prioridad a unos o a otros,* lo que conlleva mensajes, canales y medios diferentes.

LA RESPUESTA: INDEPENDENCIA Y RIESGO

LA existencia en el proceso de adopción de tres situaciones: Conocer-Sentir-Actuar no significa que se lleven a cabo siempre en este orden. De acuerdo con los diferentes estudios realizados pueden señalarse *cuatro secuencias* diferentes en las mismas:

CONOCER	ACTUAR	CONOCER	ACTUAR
↓	↓	↓	↓
SENTIR	SENTIR	ACTUAR	CONOCER
↓	↓	↓	↓
ACTUAR	CONOCER	SENTIR	SENTIR

Veamos un ejemplo de cada una de ellas. La primera secuencia puede darse en la selección de un asesor fiscal. La segunda en la elección de una atracción en un parque. La tercera en la reserva de hotel en una ciudad desconocida. Y la cuarta en la asistencia a un espectáculo teatral. Es evidente que diferentes personas, en diferentes circunstancias, actuarán bajo modelos diferentes, ya que el modelo no lo da el servicio, sino las personas en su actuación frente al mismo. Por ello *será necesario dividir a nuestro público objetivo según sus modelos de respuesta, lo que hará cambiar las prioridades de la comunicación.* El P.L.V. y el «merchandising» predomina en el modelo dos, mientras que la publicidad informativa y la comunicación personal lo son en el modelo uno.

PUBLICO OBJETIVO: DECIDIENDO A QUIEN COMUNICAR

COMO resultado de este triple análisis (proceso cognoscitivo, involucración y respuesta) tenemos establecidos *los públicos objetivo finales y públicos influenciadores —externos e internos—, su división en tipologías de conocimiento y también su división en modelos de respuesta.*

De acuerdo con estas clasificaciones, un público objetivo

inicial del programa marketing podría convertirse, por ejemplo, en tres públicos —usuarios potenciales, distribuidores y personal en contacto—, con 16 tipologías de conocimiento en las dos primeras, y con cuatro modelos de respuesta en el primer colectivo. Todo ello daría como resultado un total de 64 subsegmentos del público usuario y 16 de los distribuidores y el personal en contacto. Es decir, 81 públicos objetivo del programa de comunicación.

Vemos que la complejidad del programa integral de comunicación empieza a ser evidente, aunque la metodología nos está aportando un buen nivel de información sobre a quién comunicar. A partir de esta primera decisión, se procede a desarrollar la segunda fase del modelo, la determinación del mensaje.

EL MENSAJE: DECISION DE EMPRESA, NO DE LOS CREATIVOS

EN la práctica, uno observa que la seducción comunicativa de los creativos publicitarios es capaz de cambiar el contenido del mensaje apartándolo de las necesidades comunicativas de la empresa. Una discusión abierta, mantenida ya en varios focos profesionales con algunos publicitarios es la siguiente: *«Desde mi punto de vista, la empresa debe ser la responsable de definir el «qué» y los creativos el «cómo», pero el «cómo» no debe supeditar un nuevo «qué»*. Otra cosa es que el creativo participe más o menos en la definición de este «qué». La creatividad publicitaria es una creación de encargo, no es una creación artística en la que el autor expresa su propia voluntad.

Esta definición del *mensaje de la comunicación* se organiza en tres apartados: *contenido, estructura y formato* del mensaje. *El contenido* es la decisión que *define y organiza los argumentos a transmitir. La estructura* es una decisión mixta, empresarial y creativa, acerca de cómo decirlo lógicamente. Es decir, de *la forma de argumentación y de la forma de presentación. El formato* es una decisión, también mixta, del *cómo decirlo simbólicamente,* atendiendo a qué forma de comunicación (audio, vídeo, texto, etc.) será la más adecuada para la eficacia comunicacional.

CONTENIDO DEL MENSAJE: ORGANIZANDO EL QUE DECIR

EN la fase anterior en la que se han analizado los públicos objetivo hemos concluido que existen, de hecho, muchos y variados. La consecuencia de esta decisión, desde el punto de vista del contenido, es determinar si debe o no haber un mensaje válido para todos ellos, o se va a desarrollar un mensaje específico para cada uno.

En general, *la empresa de servicios necesita establecer un mensaje general para todos* ellos, que suele estar cerca de la imagen de la empresa que se pretende crear: *el concepto general de la empresa de servicios*. Es lógico. La imagen a alcanzar tiene que ser cercana a lo que uno pretende ser.

En estas situaciones es de gran ayuda *clasificar el mensaje* a desarrollar *en función de su nivel de aplicación (público objetivo) y de su carácter específico*. Para ello, el esquema que hemos desarrollado divide el mensaje en:

CONTENIDO	*PUBLICO OBJETIVO*	
	GENERAL	*ESPECIFICO*
GENERAL	*MENSAJE GLOBAL*	*MENSAJE GENERAL DE SEGMENTO*
PARTICULAR	*MENSAJE GENERAL DE SERVICIOS*	*MENSAJE ESPECIFICO*

— MENSAJE GLOBAL es aquel que dirige la empresa a todos los públicos sobre la institución.

— MENSAJE GENERAL DE SEGMENTO es el que dirige la empresa, sobre ella, a un segmento del público objetivo.

— MENSAJE GENERAL DE SERVICIOS es el que dirige la empresa, sobre un tema de la misma, a todos los públicos.

— MENSAJE ESPECIFICO es el que dirige la empresa de un tema a un público.

Una vez establecidos estos mensajes será posible organizar *la estrategia de comunicación corporativa*. Las dos situaciones tipo de desarrollo de la estrategia son:

— *ESTRATEGIA INTEGRATIVA: Aquella en la cual todos los mensajes específicos y generales están apoyados por el mensaje global.*

— *ESTRATEGIA INDIVIDUALIZADA: Aquella en la cual cada mensaje específico y/o general no se apoya en el mensaje global.*

Existen interesantes ejemplos de aplicación de cada estrategia. La desarrollada por el Plan de Marketing del Turismo, destinada a la promoción de España como destino turístico en toda Europa, es claramente una estrategia integrativa. Definido en 1983 el mensaje global, «España: Diversidad bajo el sol», su aplicación se ha desarrollado tanto en las campañas generales de segmento, como en las generales de producto (golf, gastronomía, cultural, etc.), como en las campañas mancomunadas con comunidades, patronatos y oferta privada.

La desarrollada por el ICEX, para la promoción del producto español en el extranjero, corresponde al modelo de estrategia individualizada, en la que no ha habido un mensaje global común ligado al «Made in Spain», probablemente por la dificultad conceptual de desarrollarlo.

Aunque existen argumentos que apoyan ambas estrategias, *el enfoque integrativo* está ganando fuerza, ya que:

— *Las ofertas específicas varían* con el tiempo y son de menor duración que la empresa. Hay que recordar aquí lo que señalamos al hablar de la oferta de servicios y su evolución temporal.

— *El coste de comunicación,* uno de los que crecen anualmente muy por encima de la inflación, dificulta cada vez la posibilidad de desarrollar campañas específicas.

— *Las economías de escala,* también existentes en comunicación, favorecen a los presupuestos concentrados y más grandes, dejando a las empresas de presupuestos reducidos fuera de los niveles mínimos recomendables.

Por ello, siempre que sea posible, la estrategia integrativa es la más recomendable.

LA PRIMERA COMUNICACION: POLITICA DE MARCAS

L*A marca* o denominación empresarial y de los servicios constituye *el elemento mínimo de comunicación,* ya que con la ayuda de la misma se puede reconocer y difundir el servicio. A su vez, dada la imposibilidad de patentar el servicio, la marca registrada constituye el único elemento de la empresa y del servicio capaz de sustentar el monopolio legal de ser el único. Como, por ejemplo, el Supermerc'art de Jean Pierre Guillemot.

En general, la política de marcas no está diseñada bajo criterios de mensaje comunicacional, sino que obedece a criterios arbitrarios y puntuales. Un estudio reciente sobre la política de marcas en servicios señala la existencia de diversas *estrategias,* según se relaciona la marca de empresa y las marcas de servicios:

— *MARCA UNICA.* Empresa y servicios tienen todos la misma marca. De hecho, existe tan sólo una marca, la corporativa, y los servicios utilizan nombres descriptivos (XXX).

— *MARCA CORPORATIVA + COMPLEMENTOS.* La marca de empresa es la base de todas las denominaciones de las marcas de servicios (AAXXX).

— *MARCAS DE PRODUCTO INDEPENDIENTES.* Existe una marca de empresa y para los servicios se utilizan marcas específicas no relacionadas con la empresa. En la práctica esta estrategia se presenta de dos formas:

a) con regulación corporativa, en donde la marca de producto aparece amparada por la marca paraguas de la institución (por ejemplo, Programa 65 de La Caixa), y

b) sin regulación corporativa, cuando no aparece el apoyo de la marca paraguas.

La dinámica de crecimiento de muchas empresas de servicios provoca la existencia de otra situación en la que aparecen la marca del grupo de empresas, la marca de empresa y la marca de servicio. En estos casos pueden producirse dos situaciones:

— La empresa madre no es la empresa de nivel más alto en el mercado. Ello podría incidir en la credibilidad de las ofertas de más nivel, y por tanto, hay que desarrollar una nueva marca para el grupo. Como ha sucedido con el Grupo Sol tras la compra de Meliá Hoteles.

— La empresa madre es suma de empresas similares, lo que también obliga a crear una denominación mixta y derivada. Este es el caso del BBV en la fusión Bilbao-Vizcaya.

Si observamos la situación práctica, nos encontramos con que en empresas establecidas una de las mayores dificultades de homogeneización de la comunicación suele encontrarse en este punto. En muchos casos es necesaria una reconsideración de todas las marcas en función de todo el mensaje comunicacional. Suele ser uno de los aspectos más traumáticos del cambio comunicacional. Pero, por experiencia, he visto que la fuerza de un diseño coherente se ha impuesto siempre.

LOS ARGUMENTOS: EL CORAZON DEL MENSAJE

ESTABLECIDO el contenido del mensaje y las marcas a utilizar (empresarial, de servicio, de segmento y específicas), el paso siguiente es *la definición de los argumentos* a utilizar en los mismos. Cuatro son las fuentes donde bebe la definición: el concepto, las diferencias entre identidad e imagen, el posicionamiento y el ideal.

— *El concepto del servicio,* ya definido anteriormente, nos permite sintetizar nuestra especificidad tanto en términos de oferta empresarial como de utilidad de mercado. Por tanto, constituye el mínimo de comprensión a conseguir en el público objetivo, y será el argumento a utilizar en las situaciones de desconocimiento de la oferta de servicios al mercado.

— Si entendemos por *identidad del servicio* lo que éste es y por *imagen* lo que el mercado entiende que es, encontraremos siempre que *existe una diferencia* entre una y otra. Si la imagen es mejor que la identidad, probablemente los clientes no quedarán satisfechos. Si la identidad es mejor que la imagen, estamos perdiendo oportunidades de mercado. En consecuencia, el objetivo, imposible de alcanzar al 100 por 100, es que identidad e imagen coincidan. Cuando esto no sucede y la diferencia es significativa habrá que reducirla. La potenciación de los déficit y la moderación de los superávit será pues el aspecto a comunicar.

«Barcelona '92, Objetivo de todos». Es el argumento central de la candidatura de Barcelona a los JJ.OO. de

1992, que fue formulado conjuntamente por Roberto M. Alvarez y yo como resultado de un análisis de la imagen de la capacidad y voluntad de hacer de una ciudad que, incluso, contribuyó a arrastrar a todas las instituciones promotoras en la misma dirección.

— Normalmente, los servicios están en competencia con otros. Por tanto, la imagen aislada no es suficiente. Interesa profundizar en la posición o *posicionamiento,* que no es más que *la imagen comparativa del servicio.* Esta imagen comparativa, más sencilla en su formulación que la imagen aislada, nos presenta las variables a través de las cuales decide el usuario. De ahí su trascendencia en un entorno competitivo, en el que no están todas las ofertas de servicios. A su vez, un estudio de posicionamiento aporta información sobre los ideales del usuario, lo que facilita no sólo la definición de argumentos sino también la mejora de servicios.

— Es importante tener en cuenta que *el ideal del usuario* está definido a partir de lo que conoce, la realidad actual, incorporándole lo que le falta y suprimiendo lo que le sobra. Este enfoque nos ha permitido desarrollar buenas propuestas mediante sencillas investigaciones en las que se formulaban al usuario cuatro preguntas: lo mejor, lo peor, lo que falta y lo que sobra a la empresa.

El programa de promoción turística de Asturias y el de diseño de su identidad corporativa salieron de un estudio como éste. La propuesta de «Asturias, paraíso natural», formulada casi textualmente por el público, no pudo ser mejorada por los creativos. No importa, es un éxito.

Como resultado de estas cuatro consideraciones, la empresa decide los argumentos del mensaje y su clasificación en principales y secundarios. Para el inicio de la creatividad sólo falta una decisión. ¿Quién dice lo que se dice? O, dicho en otros términos, ¿quién asume y firma la comunicación? Esto, que en algunos casos es poco importante, se convierte en trascendental en los temas de corporaciones, grupos y en todas las instituciones públicas. No hay que olvidar que la comunicación da protagonismo al emisor.

PROTAGONISTA DEL MENSAJE: ¿QUIEN FIRMA QUE?

EXISTEN *dos enfoques* a utilizar para la toma de esta decisión. El primero parte de *la organización de la comunicación y de la estrategia de desarrollo de la comunicación corporativa.* En una estrategia individualizada no habrá un reconocimiento explícito de la empresa emisora, sino que el único firmante será el producto o el servicio. El problema se plantea en una estrategia integradora, cuando existen diversos actores del servicio.

Por ejemplo, una comunidad autónoma o un ayuntamiento tienen, además de la institución general, las consejerías y direcciones generales o tenencias de alcaldía, concejalías y direcciones de servicio como organismos responsables de la creación y desarrollo del servicio. También en una empresa privada existen divisiones y departamentos responsables de los diferentes servicios.

¿Por qué, entonces y en general, en la comunicación pública aparecen todos los firmantes y en la privada tan sólo firma la empresa? Es una necesidad comunicacional de los servicios públicos, que no existe en la gestión privada, la búsqueda de protagonismo público que permita apuntarse la actuación en el activo del balance político de los responsables. Especialmente en las primeras etapas de la nueva democracia española, cuando se ha creído que es más importante lo que se dice que se hace, que lo que se hace.

Afortunadamente, en primer lugar, el público no se preocupa por recordar al emisor y, en segundo lugar, las instituciones están regulando esta sobredosis de protagonistas, bien a través de la centralización de los servicios de comunicación (la salida fácil), bien a través de la adopción del enfoque de regulación.

El segundo enfoque de regulación se orienta hacia la creación de los manuales de identidad corporativa. Esta forma de actuación en la que junto a la modernización y/o creación del símbolo y logotipo corporativo se establecen formalmente los emisores de comunicación tiene, desde mi punto de vista, un peligro. La regulación del problema no es un problema de logotipos: es un problema de estrategia de comunicación. Es decir, si no se establece antes un documento o manual que regule y organice la comunicación se corre el riesgo de seguir con el mismo problema, eso sí, con un logotipo nuevo. En que se aborde o no este problema está la diferencia entre creativos gráficos, pintadores de logos y empresas de diseño de identidad corporativa.

CREATIVIDAD: ¿ES NECESARIO UNA LINEA CREATIVA?

DEFINIDO el «qué» comunicacional, se procede a continuación a la definición de la estructura del mensaje, *el «cómo decirlo» lógicamente*. Esta lógica se define atendiendo al estilo, tono y formas de presentación y ordenación de ideas.

— *El estilo*

- Un episodio de la vida: refleja o plantea situaciones representativas de la vida.
- El estilo de vida: refleja o plantea situaciones a adoptar como forma de vida.
- Estado de ánimo: provoca un comportamiento puntual normalmente sin continuidad.
- Evidencia científica: da por hecho situaciones que pueden o no estar apoyadas científicamente.
- Testimonio: demuestra una experiencia vivida dando mayor credibilidad a los hechos.
- Expertos técnicos: demuestran aspectos técnicos con el objeto de dar mayor credibilidad.
- Personaje: identifica un producto/servicio con un personaje.

— *El tono*

- Serio.
- Conversacional.
- Humorístico.

— *La presentación*

- Noticia.
- Pregunta.
- Narración.
- Alternativas.
- ¿Qué, cómo, por qué?

— *La ordenación*

- Orientado a una conclusión.
- Unica propuesta de venta.
- Dos argumentos: presentación de defectos propios y de otras alternativas.

Estos cuatro aspectos de la estructuración del mensaje comunicacional permiten detectar, cuando se realiza una auditoría de la comunicación emitida por una empresa, la existencia de una o varias líneas creativas en la misma.

La cuestión fundamental y básica es *¿Debe la empresa tener una línea comunicacional o cada creación comunicativa tiene que ser libre e independiente?* Personalmente creo que una línea comunicacional, definida por su estilo y tono, sí que es conveniente, mientras que la presentación y la ordenación están demasiado vinculadas al problema comunicacional en sus aspectos de tipologías de conocimiento y modelos de respuesta como para estudiar la posibilidad de marcar una estrategia permanente.

Creo que esta línea constituye *la base de una estrategia creativa* y, por tanto, en su período de aplicación (tres-cinco años) no debe de modificarse. Esto conlleva varias consecuencias:

— *Las relaciones* con la empresa de servicios creativos *deben ser permanentes durante el período de validez de la estrategia.* Entender, comprender y mantener una línea creativa no es fácil. Los concursos y el flirteo creativo, como forma de relación, son los grandes enemigos de este enfoque.

— *Todos los tipos de mensaje* (global, general o específico) *deben supeditarse* a la misma línea cuando la empresa ha optado por una estrategia integrativa.

— *El desarrollo* de la línea creativa va parejo a la existencia de *un manual de comunicación y de un manual de identidad corporativa.*

— Es necesario *implicar a todo el equipo responsable de la comunicación,* en el que está incluido todo el personal de contacto para que su aplicación no quede limitada a la comunicación masiva, sino que configure una línea completa de comunicación empresarial.

FORMATO DEL MENSAJE: EN CLAVE DE SEMIOTICA

LOS estudios de eficacia comunicacional se están centrando en los últimos años en el aprovechamiento de los conocimientos semióticos. La Academia Europea de Marketing y la Asociación Francesa de Marketing han dedicado números monográficos a estos temas, pero *todavía es escaso el volumen de conclusiones generales obtenidas.*

La alta dependencia en el receptor de la cultura comunicacional existente en su lugar de vida hace muy difícil trasladar conceptos de unos mercados a otros. No obstante, la creciente globalización de la población mundial basada en la americanización europea y la europeización americana permite pensar en modelos generales.

La preponderancia de la imagen sobre el texto, el valor de la misma en el audio, el estilo comic, etc., son elementos a considerar.

La cuestión fundamental es: definido el qué comunicar, qué forma es la más adecuada para representarlo. La imagen visual, el texto, el audio, la combinación de ambos, etc.

Ello, aunque en algunos aspectos corresponde al proceso creativo, puede sernos de gran ayuda para la posterior selección de canales y medios. Por ejemplo, si nuestro servicio es de asesoramiento personal, la representación del personal en contacto será preferiblemente visual. La apariencia y actitud son grandes comunicadores de servicio, en general. El problema no es que sean más o menos atractivos, lo que deben ser es humanos. Como la vida misma.

CANALES DE COMUNICACION: ENCUENTROS EN LA TERCERA FASE

DEFINIDOS el público objetivo, en la primera fase, y el mensaje, en la segunda fase del modelo, se procede a definir los canales de comunicación.

Definido el canal de comunicación como la vía a través de la cual se comunica, para su definición hay que considerar dónde y cómo comunicarse.

El dónde comunicarse está relacionado con el estilo de vida del público objetivo y especialmente sus aspectos de movilidad. Un cliente potencial puede recibir la comunicación en su hogar, en traslados por la población, en sus viajes entre poblaciones, en su lugar de trabajo, en los centros de atracción de la ciudad en que vive o visita, en los puntos de prestación del servicio y en centros de información.

El cómo comunicarse está relacionado con los medios a través de los cuales puede recibir la información. Campañas publicitarias, en televisión, prensa, radio, revistas, vallas, etc. Publicidad directa, publicaciones (gratuitas o de compra), por noticias y apariciones en los medios de comunicación («publicity»). En exposiciones, ferias, congresos y presentaciones empresariales. Y a través de informaciones personales.

La decisión sobre canales de comunicación correspondientes a cada público objetivo se basa en el conocimiento detallado de los hábitos de información, en las tipologías de conocimiento y de respuesta, en los estudios de difusión de los medios (oportunidades de contacto) y en el presupuesto disponible.

Ello permite establecer *un cuadro resumen* como el siguiente:

CANALES-MEDIOS
RESUMEN PUBLICOS OBJETIVO

Público objetivo	Publicidad	Publicidad directa	PLV	«Publicity»	Presentaciones	Ferias	Publicaciones	PCP	Equipo comercial	
Personal interno										A
Líderes de opinión										B
Distribuidores										C
Usuario potencial										D
Clientes										E
	X	Y	Z	T	U	V	W	S	R	100%

Si se dispone de estudios de eficacia, se puede establecer una distribución porcentual de los recursos, tanto por públicos objetivo como por canales de comunicación.

De hecho, *un sistema permanente de estudios de eficacia y de hábitos de información permite llegar a una optimización cuantitativa de los recursos,* dejando el nivel de arbitrariedad en este reparto a niveles muy bajos.

El mejor ejemplo de aplicación de esta metodología es el utilizado por el Plan de Marketing del Turismo Español para la distribución de los presupuestos promocionales entre los diversos países en base a:

- *Un factor estratégico relacionado con el tamaño y crecimiento del mercado turístico y la posición competitiva de España.*
- *Un factor de eficacia de los canales de comunicación en cada mercado.*
- *Una consideración de los recursos mínimos necesarios en cada canal en función de la oportunidad de ver.*

BRIEFING: EL ENCARGO EXTERIOR

UNA vez finalizadas las tres fases (determinación del público objetivo, definición del mensaje, canales y medios de comunicación), se está en condiciones de *proceder al encargo profesional para el desarrollo creativo* y formal de los diferentes planes de comunicación.

Para ello, se establece una codificación de cada uno de los planes según el público objetivo y el canal de comunicación a desarrollar. Por ejemplo, PCP-1 sería el código de un plan dirigido al público objetivo de clientes (c) a través de la publicidad.

Esta codificación permite una mejor organización y control de gestión de programas complejos derivados de un plan estratégico a tres-cinco años. Por ejemplo, para la promoción turística de la Expo '92 se plantearon 72 planes a desarrollar en cuatro años.

Para la actuación cotidiana cada plan, además de su codificación, contiene *una hoja de encargo o briefing* en la que se hace constar:

— *NOMBRE DEL PROGRAMA*	
— *OBJETIVO A CONSEGUIR*	
— *PUBLICO OBJETIVO*	— *Descripción del segmento* — *Tipología de conocimiento* — *Modelo de respuesta*
— *DEFINICION DEL MENSAJE A COMUNICAR*	— *Global* — *Específico*
— *CONSIDERACIONES A LA CREATIVIDAD*	— *Línea creativa* — *Manual de identidad corporativa*
— *TIMING DEL PLAN*	— *Presentación de propuestas* — *Aprobación* — *Puesta en mercado*
— *PRESUPUESTO DISPONIBLE*	
— *CONTROLES A APLICAR*	— *Previos* — *Posteriores*

que es cumplimentada por el demandante interno y el equipo de comunicación de la empresa. Y que es discutido posteriormente con el profesional (agencia de publicidad, diseñador, agencia de relaciones públicas, etc.).

La utilidad derivada de su uso es doble:

— Facilita el proceso de definición por parte de la empresa.

— Facilita la comprensión total por parte de los profesionales de la comunicación.

Esta sistematización constituye la base del diseño de cuarta fase del modelo el «Sistema de información de comunicación».

S.I.C.: INDICADOR DE CALIDAD DEL PLAN

CUANDO se establecen planes de comunicación complejos, uno suele encontrar déficit importantes de información de base y una diversidad de calidad técnica en la información existente. Las causas son la inexistencia previa de un plan y la falta de definición técnica en las peticiones de estudios realizados. Por ello, el primero y el más positivo resultado de la elaboración del plan es la mejora de conocimiento del mercado, derivado de los estudios iniciales a realizar para una definición científica del plan y el establecimiento del plan de estudios a desarrollar en el primer período de ejecución del plan.

Este diseño que denominamos *Sistema de Infomación de Comunicación (SIC) se relaciona con todo el sistema de evaluación y control del servicio.*

Antes hemos señalado el Plan de Marketing Turístico como ejemplo de aplicación del esquema de canales de comunicación. También es un ejemplo de desarrollo de un S.I.C. como se observa en el cuadro siguiente:

TIPO DE INFORMACION / PAISES	AUS	BEL	DIN	FIN	FR	ALE	GB	HOL	ITA	NOR	SUE	SUI	CAN	USA	JAP
1. Demanda: países de origen															
1.1. Demanda global															
— Tamaño, evolución del mercado potencial	X	X	X	X	X	X	X	X	X	X	X	X	X	X	X
— Tamaño, evolución del mercado real	X	X	X	0	X	X	X	X	X	0	X	X	X	0	X
— Principales indicadores del mercado real	X	X	0	0	X	X	X	X	X	0	0	X	0	0	0
1.2. Demanda exterior															
— Tamaño, evolución/destinaciones principales	X	X	X	0	X	X	X	X	X	0	0	X	0	0	0
— Estructura socio-demográfica	0	0	0	0	0	X	X	X	X	0	0	X	0	0	0
— Comportamiento vacacional	X	X	0	0	X	X	X	X	X	0	0	X	0	0	0
— Tipo vacaciones	0	0	0	0	0	0	0	0	0	0	0	0	0	0	0
1.3. Demanda mediterránea															
— Tamaño, evolución															
— Participación de mercado	X	X	X	X	X	X	X	X	X	X	X	X	0	0	0
— Estructura socio-demográfica	0	X	0	0	0	X	X	X	0	0	0	X	0	0	0
— Comportamiento vacacional	0	X	0	0	0	X	X	X	0	0	0	X	0	0	0
— Tipo vacaciones	0	0	0	0	0	X	X	X	0	0	0	X	0	0	0
— Imagen + Posicionamiento	X	X	0	0	X	X	X	0	0	0	0	0	0	0	X

2. Demanda: países destinatarios															
2.1. Demanda global															
— Tamaño, evolución/principales indicadores	X	X	X	X	X	X	X	X	X	X	X	X	X	X	X
2.2. Demanda de cada país originario															
— Tamaño, evolución/participación de mercado	X	X	X	0	X	X	X	X	X	0	0	X	0	0	0
— Estructura socio-demográfica	X	X	X	0	X	X	X	X	X	0	0	X	0	0	0
— Comportamiento vacacional	0	X	0	0	0	X	X	X	0	0	0	X	0	0	0
— Nivel satisfacción vacacional	0	0	0	0	0	0	0	0	0	0	0	0	0	0	0
— Demandas específicas	0	0	0	0	0	0	0	0	0	0	0	0	0	0	0
3. MKT acción															
3.1. Oferta de producto	X	X	X	X	X	X	X	X	X	X	X	X	0	0	0
3.2. Precios															
— Posicionamiento competitivo de los países competitivos en los países de origen	X	X	X	X	X	X	X	X	X	X	X	X	0	0	0
— Acciones específicas	0	0	0	0	X	X	X	0	0	0	0	0	0	0	0
3.3. Distribución	0	X	X	0	X	X	X	X	0	0	0	X	0	0	0
3.4. Promoción	X	X	0	0	X	X	X	X	X	X	X	X	0	0	0
4. Oferta (3)															

X: Información suficiente cuando el sistema de información se había iniciado (1984).
0: Información que no estaba completa en 1984 pero que ha sido completada durante 1984-87.
(3): Corresponde a los países destinatarios.

Para un buen desarrollo de la comunicación de la empresa de servicios será necesario *estudiar sistemáticamente la evolución de las tipologías de conocimiento, la imagen y posición competitiva*. Y en el caso de efectuar campañas publicitarias, *el pre-test* para la disminución de errores (nunca un pre-test garantiza el acierto, pero advierte del fracaso) y *un post-test* para la medida de los resultados obtenidos. Por ejemplo, el mensaje y logotipo «España: todo bajo el sol» es reconocido en forma sugerida por el 80 por 100 del público objetivo. Puede considerarse un buen resultado.

En la práctica, cuando se analiza el SIC correspondiente a un programa de comunicación, uno descubre la calidad del mismo. Porque *el SIC es el indicador de la eficacia,* ya que significa el sustituto de la opinática. El problema es que existen muchos planes sin control. Y esto es, por sentido común y por tecnología de gestión, inaceptable.

PRESTACION DEL SERVICIO: LA VERDAD COTIDIANA

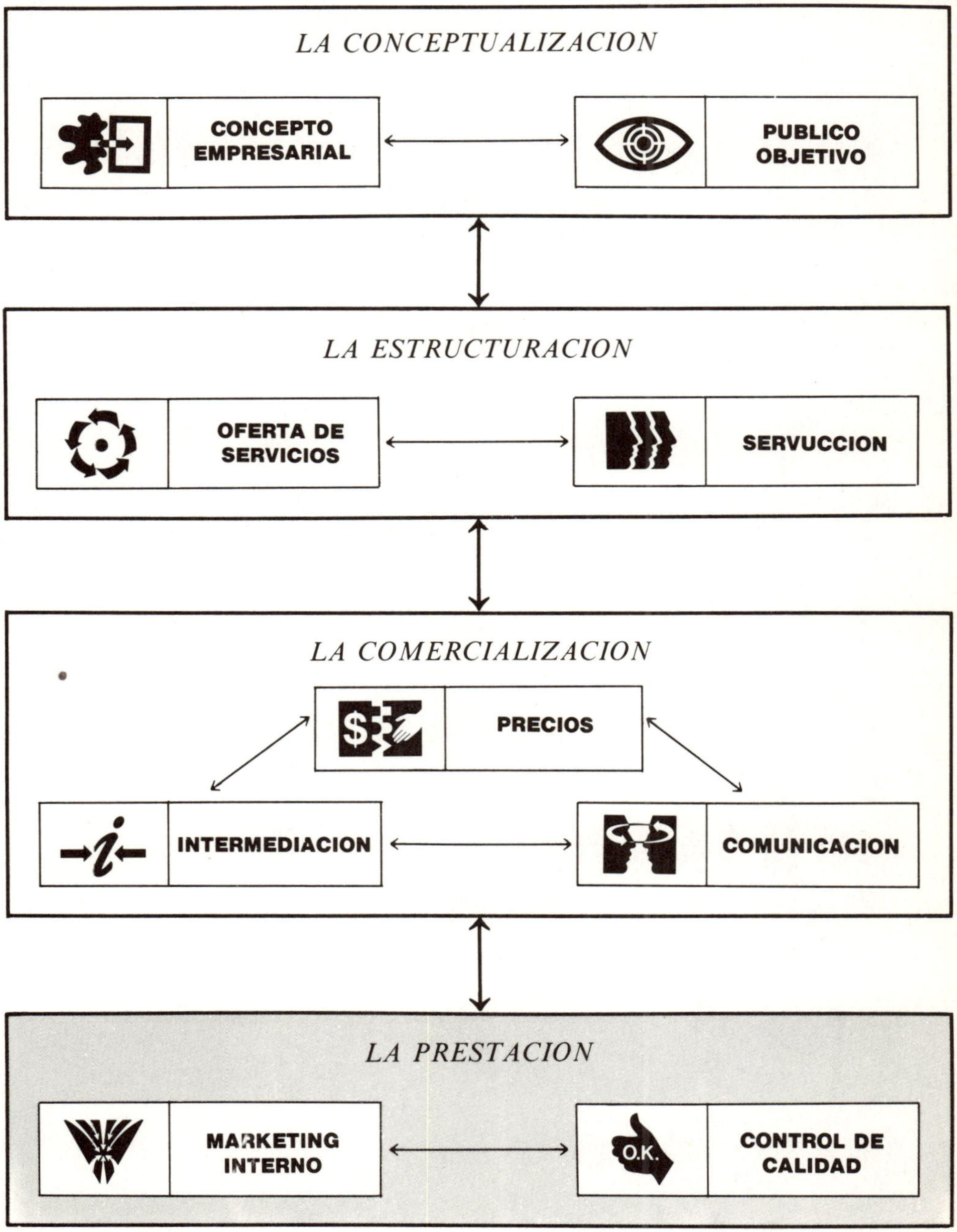

9 *MARKETING INTERNO*

PRESTACION: EL MOMENTO DE LA VERDAD

TODO el proceso desarrollado hasta aquí, primero en el papel y luego en medios físicos y humanos, no es más que una preparación para el servicio. Pero el servicio, resultado de la interacción entre un cliente y la empresa, sólo podrá darse y evaluarse cuando esta interacción sea real. Y ahí empieza el problema. Porque nunca, repito nunca, se cumplirá lo previsto al cien por cien.

En la prestación, variable día a día, hora a hora y cliente a cliente es cuando se produce y consume el servicio. Por ello, la puesta en marcha del plan es el único y verdadero test de su validez en el mercado y, por tanto, del éxito de la fórmula empresarial de servicios.

Si el diseño conceptual, estructural y comercial ha sido correcto, las posibilidades de éxito son mucho mayores. Si las *capacidades y formación del personal en contacto* son las adecuadas, las habremos transformado en auténticos *«especialistas del cliente».* Y, en consecuencia, la prestación será positiva para empresa y cliente. Si se consigue ésta se habrá conseguido una buena actuación marketing en la empresa de servicios, porque como decía T. Levitt «el papel del marketing no es vender, sino hacer la venta superflua».

Considero que los *elementos clave del éxito* en la prestación son dos: *el programa de marketing interno y la gestión de la calidad.* A continuación analizaremos cada uno de ellos.

MARKETING INTERNO: CULTURA DE MERCADO

POR *marketing interno* se entiende *todo el programa,* desde su análisis hasta su ejecución y control, *dirigido hacia el equipo humano de la organización,* desde la alta dirección hasta el personal en contacto con el público, desde el administrativo hasta el comercial externo *que pretende* alcanzar *una cultura organizativa «orientada al mercado».* No es convencer al personal de que el cliente es el rey, sino de que el cliente es un ser humano, que tiene que ser tratado, en primer lugar, como persona, y en segundo lugar, como hemos planificado.

Aunque desconocido en su función y demasiadas veces equivocado conceptualmente, es el tema que más atractivo se presenta en las empresas e instituciones de servicios públicos (hospitales, transportes, etc.) y en las grandes organizaciones.

El problema es que en muchos casos a través de un programa de este tipo sólo se pretende lavar la cara al servicio.

Creo que en estas situaciones hay que distinguir *dos enfoques. El primero,* de manipulación del colectivo, donde se toma el rábano por las hojas, eso sí, bien coloreadas y modernistas, en el que se limita al programa de *marketing interno* a una *nueva forma de comunicación con el personal.* Y *el segundo,* de *cambio organizativo,* en consecuencia lento pero continuo, en el que el programa interno es integral y total.

¿Cómo es un programa integral? Es *un programa que aborda las funciones técnica y relacional de todo el personal* y que considera no sólo los elementos informativos (saber qué y por qué) y formativos (prepara para hacer qué y cómo), sino también los retributivos (económicos y profesionales).

Para decirlo más claro y concreto. Un programa de marketing interno no podrá resolver un problema importante de retribución salarial. Y éste es, en algunos casos, el principal problema a resolver.

Es evidente que, casi nunca, nadie está satisfecho con su salario. Pero si esta insatisfacción es fuerte la reacción, ¿lógica?, es la orientación hacia uno mismo. Y esta orientación es incompatible con una cultura de mercado.

PROGRAMA INTERNO: SIEMPRE MULTIDISCIPLINAR

QUIZA una de las razones por las que no me convence el nombre de «marketing interno» es por la facilidad que tiene de atribuir su responsabilidad al hombre de marketing de la institución. *Un programa de marketing interno debe ser tarea de toda la empresa y* por tanto *responsabilidad de la alta dirección.*

Por ello no voy a desarrollar aquí temáticas de organización y retribución, pero sí quiero señalar la necesidad de estudiar:

- Clima de la organización.
- Programa de retribución en el sector competitivo.
- Nivel de comunicación interna, tanto de arriba hacia abajo, como al revés.
- Identificación con la empresa y el servicio.
- Adecuación funcional al puesto.
- Capacidades personales para el desarrollo funcional y relacional.

Todo ello, como consecuencia del diseño del servicio o de la revisión del servicio existente. En este segundo caso *el papel del personal en la definición de los problemas de servicio (interno y externo) será fundamental.* Y si el programa es verdaderamente de cambio, su realización será la primera fase de la nueva cultura empresarial. No hay que olvidar que una promesa de cambio exige eso, cambio, ya que si no se realiza puede provocar indiferencia o rechazo frontal.

10 *CONTROL DE CALIDAD*

CALIDAD: EL MODELO DE CONTROL

UNO de los temas de servicios en los que existe una mayor adhesión a un desarrollo conceptual es en el de control de calidad. El excelente trabajo de Parasuraman, Zeithmal y Berry se ha convertido en *modelo de referencia* para posteriores estudios y desarrollos. Tres ideas clave se plantean en el mismo:

1) *La calidad a controlar*
La diferencia entre las expectativas (servicio esperado) y la prestación percibida (servicio recibido).

2) *El modelo de calidad de servicio*
Con las explicaciones de los puntos de deterioro de la misma, «vacíos» y de las causas que los provocan.

3) *Los factores determinantes de la calidad del servicio* y su agrupación en tres bloques:

— Propiedades de *búsqueda,* que el consumidor pueda determinar antes de adquirir el servicio

— Propiedades de *experiencia,* que sólo pueden descubrirse después de la compra o durante el uso.

— Propiedades de *credibilidad,* que sólo pueden evaluarse por el usuario después del uso.

Propiedades	Factores de calidad
Búsqueda	— Elementos tangibles — Credibilidad
Experiencia	— Accesibilidad — Cortesía — Fiabilidad — Capacidad de respuestas — Comprensión del cliente — Comunicaciones
Credibilidad	— Competencia profesional — Seguridad

UN MODELO DE CALIDAD DE SERVICIO [6]

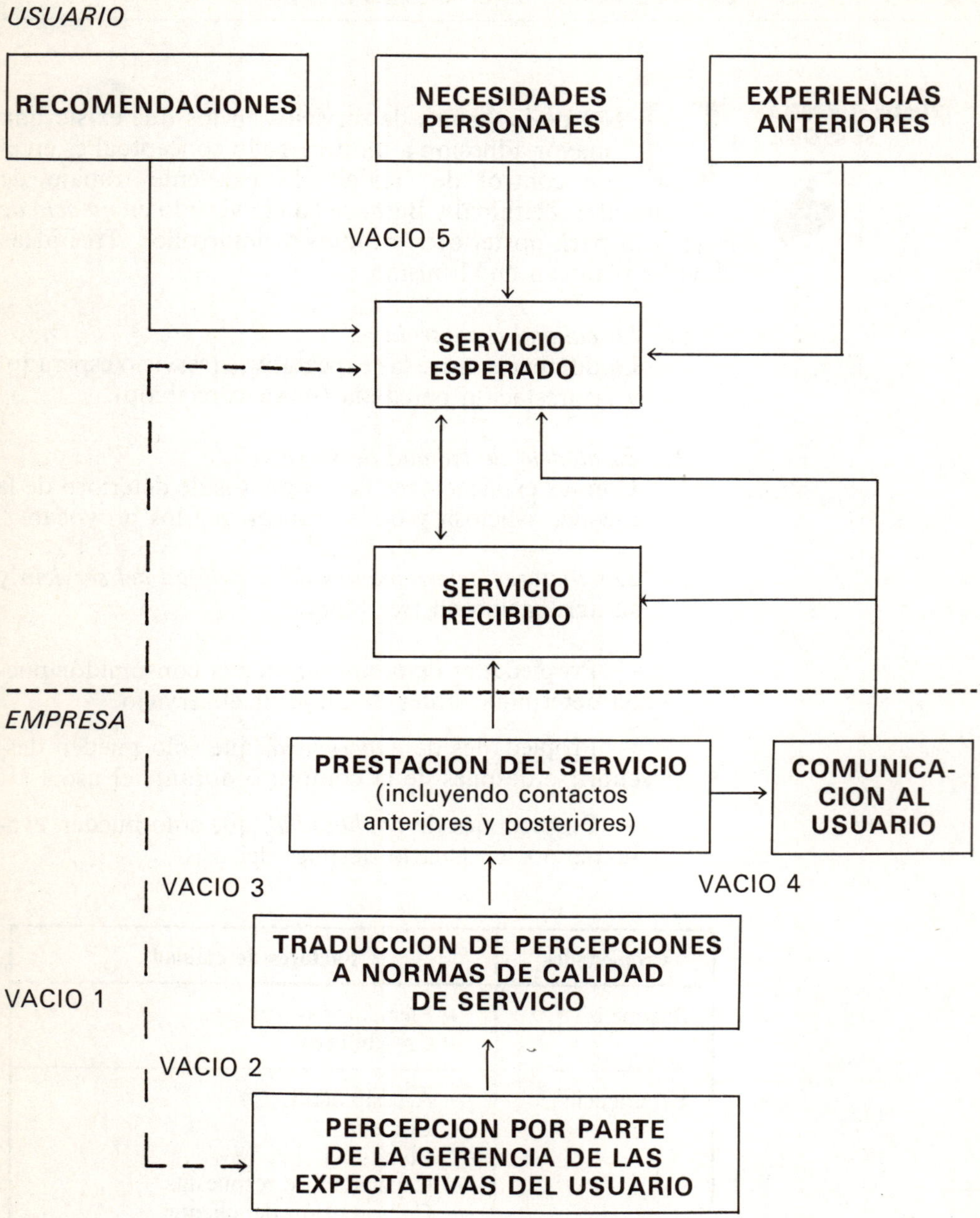

[6] Parasuranam A, Valerie A. & Zeithmal. *Differential perceptions of suppliers and clients of Industrial Services* en «Emergins Perspectives on Services Marketing», Beny et al., American Marketing, Chicago, 1982.

Es conveniente, sin embargo, comentar otros modelos de calidad, muy interrelacionados con el anterior. El desarrollado por *Grönroos*[7] creador de la escuela nórdica de servicios, *mantiene la definición de calidad, pero la relaciona más directamente con la imagen.* De hecho, la valoración por el consumidor es el resultado de dos percepciones: la de expectativas y la del servicio recibido. A su vez distingue *en la imagen dos componentes, la calidad técnica* relacionada con el qué *y la funcional* relacionada con el cómo, lo que facilita la corrección del servicio a partir de la calidad por su imputación directa al qué y al cómo del mismo.

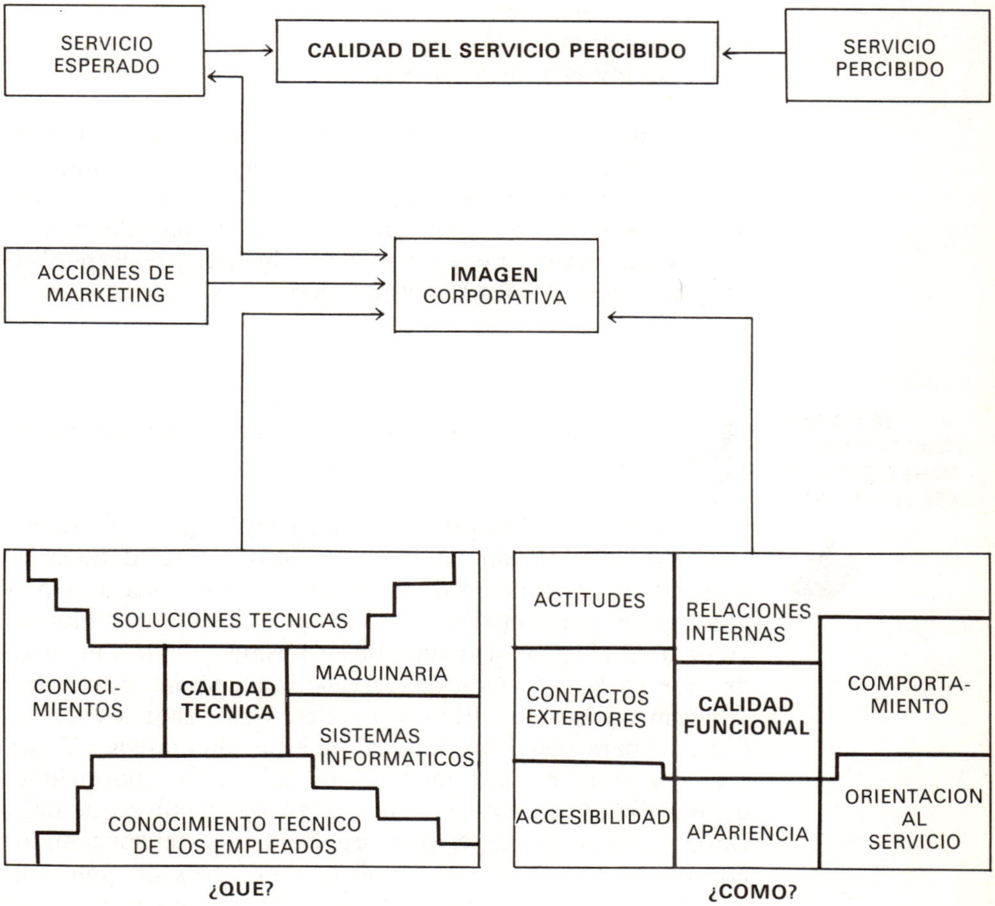

[7] Grönroos, C. (1984): «A Service Quality Model and Its Marketing Implications». European Journal of Marketing, núm. 4.

Por su parte *Eiglier y Langeard*[8] *lo dirigen hacia los elementos de servucción,* ya que la calidad depende:

En *el soporte físico* de:
— su calidad intrínseca
— su sofisticación
— su mantenimiento
— su facilidad de uso.

En *el personal* de:
— su cualificación
— su presentación
— su disponibilidad.

En *los clientes* de:
— su similaridad
— su eficacia de participación.

En este enfoque aparece, por vez primera, el cliente en relación con los restantes clientes coincidentes en el punto de prestación. Su valor como referencia a la utilidad social del servicio es evidente y confirma el punto de partida de este libro: cada servicio tiene un público objetivo y cada público objetivo quiere un servicio especializado para ellos.

LA CALIDAD: ¿TODO ES SEGUN EL COLOR DEL CRISTAL CON QUE SE MIRA?

ESTOS modelos de control de calidad plantean varias cuestiones que deben tenerse en cuenta.

PRIMERA CUESTION: ¿Son las expectativas del cliente suficientes para definir un servicio? Estos autores definen las expectativas en función de considerar la respuesta a la pregunta ¿qué quiere el cliente? Y de ahí se deduce que muchas veces la falta de conocimiento de las mismas provoca un error de base en la definición del servicio (conceptual, estructural y/o comercialmente). Pero se requiere entrevistar a usuarios expertos para poder profundizar en estas alternativas. Y esto si el servicio no es innovador, porque si lo es, las aportaciones del estudio serán muy limitadas. Esto no significa que deba entonces cuestionarse según el criterio de que «el consumidor no sabe lo que quiere y le conviene, y nosotros sí». Sólo pretendo decir que esta definición de expectativas por parte del consumidor no es suficiente. Puede ser válida para perseguir

[8] Eiglier y Langeard, op. cit.

continuamente el nivel ideal de calidad que el usuario sabe definir, pero el consumidor no hace cambiar el mundo. Es además necesaria la definición creativa del responsable, no ciega, no a espaldas del consumidor, pero tampoco a remolque.

SEGUNDA CUESTION: Las expectativas están muy condicionadas por la estrategia de comunicación. La creación en el consumidor de necesidades específicas es una de las tareas de gestión. El tiene necesidades genéricas y específicas del servicio en general. Pero no las específicas de nuestro servicio. Las expectativas del servicio en general están fuertemente condicionadas por el entorno económico, social y cultural. Lo que para un alemán es inaceptable para un español puede ser satisfactorio o viceversa.

Se dice que no hay mejor comunicador que el propio servicio. Si, por ejemplo, los españoles conocen sus problemas cotidianos con el teléfono ¿cuáles son sus expectativas válidas? La de esperar que funcione, que no esté saturada la línea, poder hablar sin conversaciones a tres, etc. O que, al menos, podamos hablar más o menos bien. Si la experiencia hace bajar las expectativas, hasta podremos conseguir que el servicio recibido se corresponda con el mismo. Pero eso no es calidad de servicio.

TERCERA CUESTION: Si el marketing mix es el conjunto de elementos que intercambian empresa y cliente *¿no es un factor importante la gama de servicios (que no hay que confundir con la capacidad de respuesta)?* También lo es la accesibilidad al punto de venta de derechos de uso, no sólo al punto de prestación. En definitiva, el criterio anteriormente expresado del «value for money» ¿dónde está considerado?

Por ello, considero que el control de calidad no puede quedar limitado a los factores señalados en los tres modelos, sino que debe extenderse a conceptos más amplios.

Calidad es que la utilidad funcional, simbólica y vivencial del servicio sea lograda a un coste razonable para el cliente. Es decir, que el cliente obtenga un «value for money» positivo para él, siéndolo también para la empresa.

Siguiendo con el mismo ejemplo, si el beneficio es la medida del éxito, Telefónica, que los obtiene, debería ser una empresa de calidad. Pero no lo es porque el cliente no obtiene servicio. Su ventaja es sólo su monopolio. Como siempre, la patente legal para la incompetencia.

CALIDAD DE SERVICIOS: LA REVOLUCION PENDIENTE

ACEPTANDO, tal como coinciden todos los estudios internacionales que:

— la calidad de un servicio es más difícil de evaluar que la de un bien tangible;

— la percepción de la calidad es el resultado de la comparación de las expectativas con la prestación en sí;

— la evaluación de la calidad no es sólo el resultado (servicio), sino también el proceso de prestación del mismo;

no podemos concluir que «no hay que preocuparse de la calidad cuando las cosas van bien, porque luego ya corregiremos» (frase que he oído repetidamente en sectores empresariales y públicos de este país).

Si abordamos el tema con seriedad deberemos preocuparnos de:

1. *Conocer, con detalle, las expectativas actuales de los clientes.* Especialmente de los potenciales, no usuarios, del servicio.

2. *Definir el sistema permanente de control de calidad en los usuarios.* La variabilidad temporal de los servicios exige un proceso continuo y continuado de control.

3. *Auditar periódicamente estructuración, comercialización y prestación del servicio.*

4. *Crear un proceso interno* (comité, reunión, etc.) de análisis de resultados y *de desarrollo del proceso de mejora continua.*

5. *Generar una cultura de cambio cotidiano,* como procedimiento competitivo de mejora.

6. *Potenciar la comunicación, interna y externa,* como medio para la creación de cambio en el mercado.

Todas estas actuaciones han sido abordadas a lo largo de este libro. Pero quisiera destacar aquí lo señalado sobre la comunicación.

¿Cuáles son los derechos del automovilista que paga el peaje en una autopista para hacer 80 km en tres horas?

¿Qué ofrece un banco que con seis meses de diferencia pasa de dar créditos por teléfono a no dar crédito más que a los de siempre?

¿Qué derechos tiene un socio de un club deportivo, aparte del deber pagar por todo?

¿Por qué se hacen clases con 500 alumnos por aula en muchas facultades universitarias?

¿Cómo es posible que le sea más caro a un español que a un alemán el vuelo y dos semanas de estancia en el mismo hotel en Canarias, en las mismas fechas?

¿Por qué en un hospital público, las habitaciones no son iguales para todos?

La respuesta no es tan compleja como parece. Porque los responsables de la comunicación no actúan modificando las expectativas. Ni tampoco el cuarto poder... Probablemente es el pacto del silencio. Ahí está la revolución pendiente.

Apéndice

MARKETING EN ACCION

Autodiagnóstico: preguntas que han sido clave

Ya he mencionado, en la primera parte del libro, los trabajos de investigación aplicada desarrollados sobre el marketing de servicios en España, con la insustituible ayuda de mis alumnos. De ellos hemos seleccionado las preguntas cuyos resultados más información han aportado para la valoración empresarial:

— *¿Cree que el servicio que ofrece se ajusta a lo que los clientes esperan de él? ¿Cómo lo controlan?*

— *¿Qué caracteriza su empresa de servicios? ¿Cuántos competidores lo tienen?*

— *¿Cómo fijan los precios de los servicios? ¿Incorporan al precio la variable «reputación empresarial»?*

— *¿Existe algún tipo de distribución en su servicio? ¿Transfiere el derecho de uso?*

— *¿Qué elemento del servicio es la base de su comunicación? ¿Tiene la comunicación una incidencia directa en las ventas?*

— *¿Utiliza al personal en contacto como fuente de investigación de mercado? ¿Cómo lo estructura?*

— *¿Qué funciones de atención al usuario pueden ser mecanizadas? Explique un proceso de servucción de algún servicio.*

— *¿Cuál es su sistema de control de calidad? ¿Cuándo y cómo lo hace?*

El plan: cómo poner todo a trabajar

No es el momento de hablar de las ventajas de la planificación en la gestión empresarial. Tan sólo me limitaré a decir: *El plan debe ser método,* orden y guía. Como lo es la Biblia al cristiano o el Corán al musulmán. Por tanto, debe ser el elemento de consulta permanente de toda la dinámica temporal de la gestión. Más importante que su cumplimiento es su papel de referente en el ajuste cotidiano entre lo que tendría que pasar y lo que pasa. Por ello no existe un plan perfecto. Todo plan es mejorable con el instrumento que no puede incorporar, la acción cotidiana.

Cada vez que finaliza un curso o seminario, el alumno ha recibido un conjunto de conocimientos, más o menos amplio, más o menos brillante, más o menos práctico, pero siempre con un cierre integrador. En los últimos años y especialmente en los programas de perfeccionamiento directivo desarrollados en Esade con la participación de profesores extranjeros, he tenido la responsabilidad de hacer este cierre. De su exposición y discusión salió un documento titulado *«Marketing en acción: Proceso de actuación»*, que por los comentarios posteriores de los asistentes les ha sido de gran ayuda. Este es su valor.

Si se plantea, amigo lector, incorporar o mejorar el marketing de su empresa de servicios, le sugiero considere cuál es su respuesta a estas preguntas:

1) *¿En qué negocio estamos?*
Definir «la estrategia de base» del negocio, el ámbito de servicios y mercados seleccionados.

2) *¿Cuál es mi realidad en el mercado?*
Establecer «la verdad del usuario» en términos de su conocimiento cualitativo (hábitos de compra, uso e información) y de imagen comparativa y diferencial (imagen, posicionamiento y nivel de satisfacción).

3) *¿Por qué no soy lo que deseo ser?*
«Lo que perdí por el camino y me quitaron los competidores.». Comparar concepto, estructura y comercialización con la competencia. Analizar la calidad. Investigar las diferencias de imagen entre usuario y personal en contacto. Analizar el clima del equipo humano.

4) *¿Qué conviene, interesa o soy capaz de hacer? ¿Dónde quiero y puedo ir?*

Selección de la estrategia de desarrollo. Incrementar la oferta, cambiar la oferta o ajustar la comunicación con el mercado.

5) *Vamos a concretar todo el conjunto de decisiones de marketing.*
Definir: concepto, estructura, comercialización y prestación, con especial énfasis en los elementos base del intercambio (servicio y precio), en los de aproximación espacial (distribución) y psicológica (comunicación). Establecer los «planos de acción».

6) *¿Qué recursos son necesarios para llevarlos a cabo?*
Determinación de los «recursos humanos, económicos y de tecnología de gestión» necesarios para aplicar los planes. Formulación del «presupuesto» y «modelo organizativo».

7) Cuando, posteriormente, los supuestos previos no se cumplan, *¿cómo lo descubrimos y qué hacemos?* Definición del sistema de control del plan, la herramienta a utilizar en su aplicación.

Un consejo: si no es capaz de sintetizarlo en veinte páginas, algo falla, o está usted planificando un monstruo de siete cabezas.

Marketing es sobre todo una cultura empresarial, que usted al elaborar el plan ha diseminado en toda la empresa. De hecho, ha informado y formado a la organización. Ya la ha cambiado ¡No pare esta dinámica!

BIBLIOGRAFIA

General de Servicios

How to sell a service. Malcolm WB McDonald, John W. Lejpard. Heineman. Londres, 1986.

La dimension service. Karl Albrecht & Kon Zurke. Editions d'Organisation. París, 1987.

La gestión en las empresas de servicios. Janes L. Herkett. Plaza & Janés. Barcelona, 1988.

La gestión en las empresas de servicios. R. Noman. Deusto. Bilbao, 1989.

La Qualité de Service. Jacques Horovitz. Intereditions. París, 1987.

Service America. Karl Albrecht-Ron Zemike. Ed. Dow Jones-Irwin. Illinois, 1985.

Service Compris. Philippe Bloch, Ralphe Habebon Dominique Xardel. Marebout. París, 1986.

Services Marketing. Christopher H. Slovelock. Ed. Prentice-Hall. Nueva Jersey, 1984.

Servucción. Pierre Eiglier, Eric Langeard. Ed. McGraw-Hill. Madrid, 1989.

The service advantage. Karl Albrecht-Lawrence J. Bradford. Dow-Jones Erwin Homeword, 1990.

Total Customer Service. The ultimate weapon. William H. Dawdow, Bro Uttal. Harper & Row. Nueva York, 1989.

Específica

Applied Marketing and Social Research. Ute Bradley. Ed. John Wiley & Jones. Londres, 1987.

Bank strategic: Management and Marketing. Dereck F. Chamon. Ed. John Wiley & Sons, 1986.

Cash in! Funding and promoting the arts. Alvin H. Reiss. Theatre Communications Group. Nueva York, 1986.

El marketing en la oficina bancaria. Josep Cerveró y Jaume Montané. Ed. Hispano Europa, 1988.

Hotel and Food Service Marketing. Francis Buttle. Consell Educational Ltd. Londres, 1986.

La administración al servicio del público. OCDF. Ministerio de las Administraciones Públicas. Madrid, 1988.

Le marketing et l'église. Jean-Paul Flipo. Les edictions du cark. París, 1984.

Market Orientation in the Hotel and Catesing Indentry. Richard Kotas Surrey. University Press. Londres, 1975.

Marketing des services públiques «L'étude des besoies de la population». Edicions d'organisation. París, 1980.

Marketing et comunication des associations. Jean Di Seiullo. Ed. Jusis Service. París, 1988.

Marketing Government and Social Services. John L. Crampton, Charles W. Laus, John Wiley. Nueva York, 1986.

Marketing Hotels and Restaurants into the 90s. Helvyn Greare. Ed. Heinemann Professional Publishing. Londres, 1988.

Marketing in the Tourism Industry. Brian Goodall y Gregory Ashworth, Crown Helm Ltd. Kent, 1988.

Marketing Profesional Services. Philip Kotler, Paul N. Bloom. Ed. Prentice-Hall. Nueva York, 1984.

Strategic Marketing for Nonprofit Organisation. Philip Kotler. Alan R. Andreasen. Prentice-Hall. Nueva Jersey, 1987.

The Tourism System: An introduction test. Robert Christie Mill Alaisteir M. Morrison. Ed. Prentice-Hall. Nueva Jersey, 1985.

Tourism Marketing and Management Handbook. Stephen F. Witt Luis Montinho. Ed. Prentice-Hall. Cambridge, 1989.